"儒家文明省部共建协同创新中心"资助项目
山东大学儒学高等研究院重点项目
山东省"泰山学者"项目阶段性成果

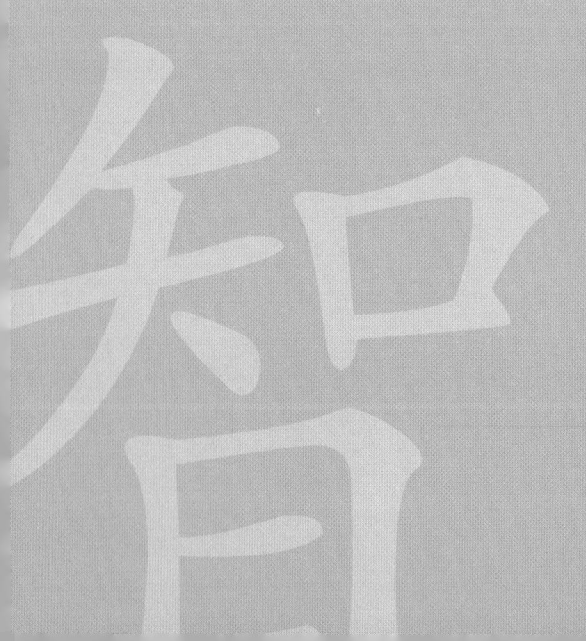

汉字中国

◆

智

曾振宇·主编

王 堃·著

华夏出版社
HUAXIA PUBLISHING HOUSE

图书在版编目（CIP）数据

智／王堃著．-- 北京：华夏出版社，2020.6
（汉字中国／曾振宇主编）
ISBN 978-7-5080-9792-3

Ⅰ．①智… Ⅱ．①王… Ⅲ．①汉字－通俗读物 ②中华文化－通俗读物 Ⅳ．① H12-49 ② K203-49

中国版本图书馆 CIP 数据核字（2019）第 124068 号

智

作　　者	王　堃
责任编辑	蔡姗姗
美术设计	远顾设计工作室
责任印制	顾瑞清
出版发行	华夏出版社
经　　销	新华书店
印　　刷	三河市万龙印装有限公司
装　　订	三河市万龙印装有限公司
版　　次	2020 年 6 月北京第 1 版 2020 年 6 月北京第 1 次印刷
开　　本	880×1230　1/32
印　　张	9
插　　页	4
字　　数	191 千字
定　　价	59.00 元

华夏出版社　　地址：北京市东直门外香河园北里 4 号　邮编：100028
　　　　　　　　网址：www.hxph.com.cn 电话：(010) 64663331（转）
若发现本版图书有印装质量问题，请与我社营销中心联系调换。

《甲骨文合集》30689

汉字中国
Chinese Characters

东周　中山王䓕壶

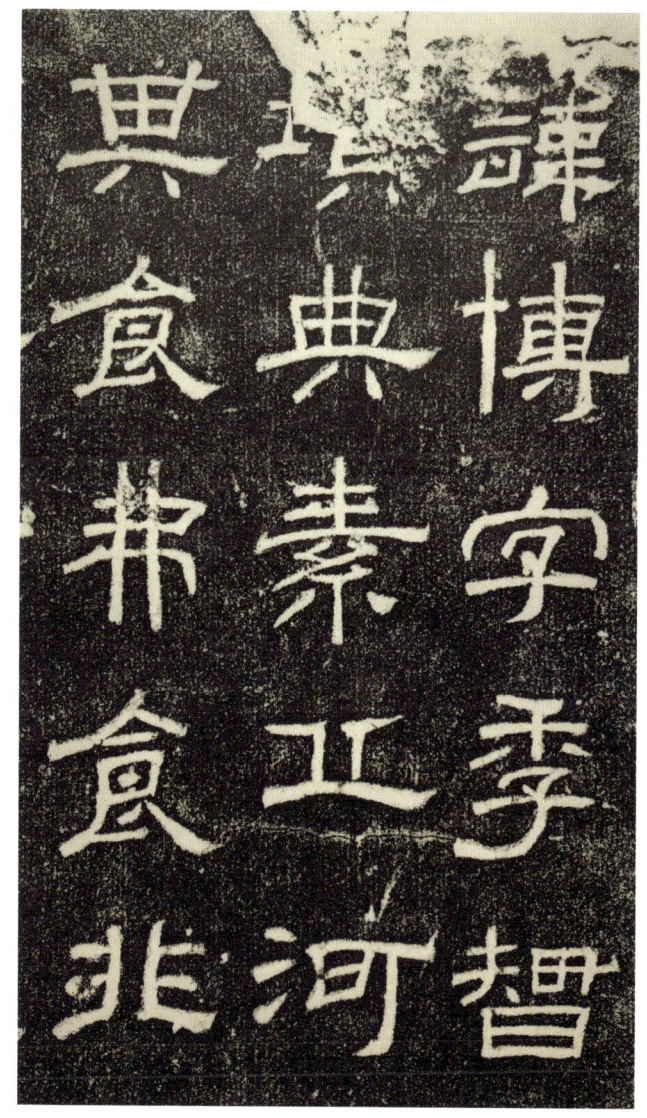

东汉　甘陵相尚博碑

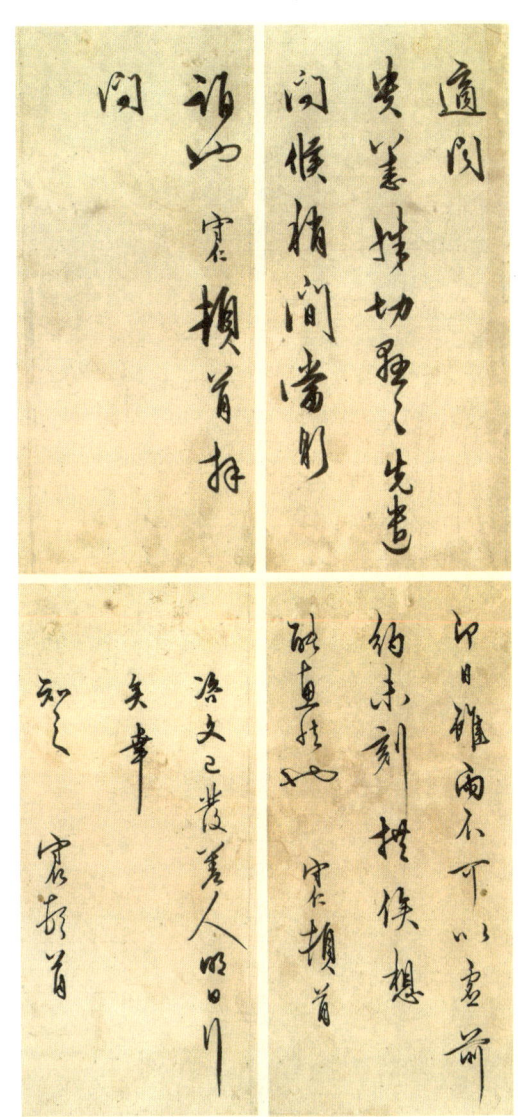

明　王阳明手札

序

《汉字中国》丛书即将付梓,主编曾振宇教授嘱我在书嵓写几句话。我认为"汉字中国"是个好题,丛书的出版是件好事,摆到读者面前的是一套好书,振宇教授美意岂能却之?遂谨献鄙意如下。

首先我想说,这是一套什么样的丛书。显然,它不是研究中国文字的学术丛书,而是在文字研究基础上通俗地讲述中国自有的文化哲学体系中一批重要概念的著作,是一套把汉字与它所承载的哲学概念如何紧密地融合起来这一独特的现象呈现出来的创新之作。

丛书的编著者们认为"中国本土哲学与文化形态中的概念、文字和词语是中国哲学与文化的'结晶体'"。这是一个含义很深邃、又很形象的比喻。这就意味着《汉字中国》将对中国哲学与文化的概念进行深入解读,探索其内涵和外延,从而发掘、展现中华文化与其哲学的精神、品质、性格的独特性,消解中国哲学与文化之双足只穿西方哲学之鞋履所带来的误解、困惑与尴尬。反过来看,通过对中国哲学与文化的认知和体验,又可以明了并深化对这些汉字形音义的来龙去脉、衍生变异以及遗存、渗透在现代汉语词汇中的文化基因的认识。或许这也是本套丛书冠以《汉字中国》之名的用意所在吧。

诚然,《汉字中国》所分析、论列的,大多是日常所用的字词,有些即使是"专门"词语,也已经为越来越多的人所习见;但是,由于种种历史的、社会的原因,今人也常常与这些字词的深意若即若离。而如果忽略了汉字在数千年传承、延绵、孳乳、变异过程中沉淀于后世语言形式里的传统文化意义,就会冷淡了中华文化的特性,很可能语言/概念发生"漂移"现象,不得已时只好乞灵于异质文化,从而难以形成阐述中华文化的中国话语体系。

"结晶体"这样一个形象而很有意趣的比况,更会引发读者的遐想:在这个"结晶体"里面,有着丰富多样的微观世界,中国文化的种种现象和思想都在有序地存在着、排列着。由此可以想见,《汉字中国》的筹划、酝酿、研究,用心良苦矣!我不由得又想到,《汉字中国》的影响所及,可能并不仅限于人文社会科学、哲学领域,即使在构建科学技术伦理、自然语言处理、人机对话、中外语言互译,乃至人工智能等领域,似乎也可以参考一下吧。

话说得远了些,就此搁笔。
忝谓之"序"。

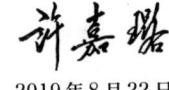

2019年8月22日

汉字中国 ◆ 智

目 录

第一章

绪论 …………………………………………… 1
一、"智""知"的同源 ………………………… 2
二、"智""知"的历史流变 …………………… 6
三、"智""知"的理论建构 ………………… 12

第二章

"智"在先秦的起源 ………………………… 22
一、早期经典中的"知""智" ……………… 22
二、先秦儒家论"智"的简易 ……………… 26
三、先秦道家论"智"的虚无 ……………… 38
四、先秦墨家论智 …………………………… 46
五、先秦名家论智 …………………………… 51
六、先秦法家论智 …………………………… 55

第三章
"智"在秦汉的两个发展趋势……………………62
一、《吕氏春秋》中的"无知"之"智"……………65
二、《淮南子》中的反"智"之"知"………………69
三、董仲舒的"先知"之"智"……………………73
四、王充的"知"观念………………………………83

第四章
魏晋时期的"智"范畴………………………………93
一、王弼的"知无"……………………………………93
二、竹林玄学的自然之"知"………………………109
三、郭象的"独化"之知……………………………117
四、余论………………………………………………122

第五章
隋唐时期的"智"范畴………………………………125
一、王通的知行论……………………………………126
二、智𫖮的"中""止"之知…………………………128
三、《成唯识论》的心识之知………………………130
四、韩愈的知性而知道………………………………133
五、成玄英的"境知两忘"…………………………137

第六章
宋代的"智"与"知"………………………………142
一、邵雍的"观物"之知……………………………143

二、周敦颐的诚、几之知…………………………………145
三、张载的"尽性"之知…………………………………148
四、二程兄弟的格致之知…………………………………153
五、朱熹的知行相须………………………………………161
六、陈淳论知行两全………………………………………177
七、陆九渊的知在"本心"………………………………182

第七章

明代的"智""知" …………………………… **188**

一、薛瑄的"知性"………………………………………189
二、陈献章的虚静自得……………………………………192
三、王阳明的良知论………………………………………195
四、王龙溪的正心说………………………………………202
五、黄绾的知止……………………………………………206
六、聂双江的"良知本寂"………………………………209
七、王艮的良知现成论……………………………………214
八、罗近溪的"赤子"良知………………………………219
九、李贽的以童心求真知…………………………………223
十、刘宗周的诚意之知……………………………………233
十一、王夫之的以行兼知…………………………………236

第八章

清代以降的"智"与"知"…………………… **243**

一、颜元的习行知至………………………………………243
二、戴震的以"知"论"智"……………………………249
三、庄存与的"约文以申义"……………………………255

四、魏源论知在行后 ································ 258
五、谭嗣同以"仁至"为"知" ···················· 263
六、章太炎以心为本的认知论 ···················· 267

参考文献 ·· **276**

第一章
绪论

"智"在中国汉字里占有重要的地位。儒家文化里的五种主要价值并称为"五常"——仁、义、礼、智、信。其中的"智"与"知"向来是通用的,只不过当"智"具有了"个人的理智"这样的意义时,与"知"相比,一般认为是较为晚出的;而自从孔子提出"五常"以来,儒家所谓的"知"与"智"则是相通的。"智"或"知"在儒家历来有着丰富的涵义,并且,不像义、礼、信只能存在于人际交往之间,仁与智(知)更集中在主体内在的感受和认识活动中,而这种主观性的维度恰恰使得两者成为中国文化里的两种最主要的德性。在孔子那里,知与仁地位近乎等同,例如:"知者乐水,仁者乐山。知者动,仁者静。知者乐,仁者寿。"(《论语·雍也》)仁、智如同山水相依,有着动静咸宜的美感。在仁、智之外再加入勇,就成了《中庸》所称的"三达德","不忧""不惑""不惧"从此成了修身的根本。孔子说:"知者不惑,仁者不忧,勇者不惧。"(《论语·子罕》)三种德性并立于传统文化的始终,"智"则像流水一般提挈着主体的心志,并贯穿在其他德性之间。

虽说在儒家传统里，比如在"致知""修己"等表达中，"知"属于内在心性涵养的范畴；但并不等于说内与外、人与我是隔离的，致知在格物、修己以安人，都在表明"知"与其他德性一道，都可以通达内外，与天地万物融为一体。也正是在这样的内外贯通中，"知"与"智"才有了通用的根据，它既是日常实践的智慧，也是通达天德的体会。不仅在儒家，从很多早期的文本里，都能读出"智""知"视通内外、接续古今的本源意蕴；从它的考镜源流中，可以辨识到其所具有的这种原初的诗性涵义……

一、"智""知"的同源

在《说文解字》的记载里，"知"与"智"可以互通，这两个字都源于同一个字形"䂣"，也就是由"白""亏""知"这三个字组成。[1] 而与这个字形相近的、最早出现于甲骨文的"智"，到了金文才成为"知"。"知"就像《说文》中解释的那样，由"口"和"矢"构成。对这两个部首，段玉裁的解释是："识敏，故出于口者疾如矢也。"也就是说，用嘴发出声音，使人察觉，人对发声的敏锐识别，如同箭矢一般迅疾。

有一种解释说，从甲骨文的字形上看，

---

1 /（汉）许慎："从白，从亏，从知。"在《说文·白部》里，"知""智"具有同样的字形构造，即从"白""亏""知"三个字。（清）段玉裁：《说文解字注》，上海古籍出版社1981年10月版，第227页。

"智"的"亏"这个偏旁，应该对应着古文字左边的"于"；而"于"是指发出可用来交流的声音。这更佐证了"知"最初具有发出声音、在心中觉察的意思。[1] 那么，金文中的"知"的类似字形也可以做同样的解释。只不过，"智"所具有的涵义较"知"出现得更晚。从《大戴礼记》到《广韵》等记载中，"智"的解释往往是从"知"而来、并与"知"同义，因此，讨论不妨从"知"的含义开始。《国语·楚语上》里有："知，闻也。"这里的"知"被注解为听闻。这说明"知"一开始来源于人与人之间的口头交流，从说话到耳闻，到心中的察识，"知"逐渐成了人际交往的代称。例如，《墨子·经上》有："知，接也。"《庄子·庚桑楚》也有："知者，接也。"这里的"知"都指人们的接触、交往。同样，俞樾对《群经平议·毛诗一》中的"能不我知"注解道："知者，接也。古谓相交接曰知。"在这部书中，他对荀子的"君子易知而难狎"中的"知"也做了同样的解释。王念孙将《礼记》中的"物至知知"也解为与人交接。知既具有了"交接"的意思，后来也就常常被用于指代友情，如相知、知己等等。而这种由深入交往而获得的友谊，可以溯源到最初的口头交谈以及与此相应的内心感受。

与古希腊的"智"不同，中国早期文明里的"知"最初只是萌生在人们的言谈交际中，而并不是一开始就被赋予了理性和意志的涵义。"知"后来所具有的这两种近似的涵义（智与志），是在历

---

[1] 蔡方鹿：《知》，四川人民出版社2004年12月版，第27页。

史中慢慢生长出来的。这个转换的关节点可以溯源到《国语·楚语下》里记载的"绝地天通",也就是从那时以后,天、地、人三才分别独立了,人与天之间也开始有了明确的分界;不是人人都可以声称自己代表天意了,一个人只能代表他自己。将自己与天分开以后,人作为一个单独的主体或个人,除了之前就有的非理性或理性之前的与天地浑融的情感体验之外,还具有了专属于自己的独立的欲望、理性和意志。这也是我们每个人都会有的"孤独"体验:当我们站在集体之外审视自己的内心时,才会发现自己的所欲、所思、所求、所愿。这都属于理智的反思,也即孔子的"三省吾身"(《论语·学而》)或孟子的"心之官则思"(《孟子·告子上》)。同时,内心的欲求也从这里涌现出来,喜怒哀乐爱恶欲这七种先天就具有的情感样式,清晰地呈现在每个人的反思中,成为先秦文献里人所共知的"七情"。

当这个时候,代表着主体理性的"智"和作为个人意志的"志",才渐渐融入了"知"的意义领域。在这个过程中,人与神有了明确的区分和界定,人只能通过占卜来实现与天的重新沟通;因而这时的"知"有了启示的意义,意指天对人的启示,指导人做合乎理性的决断。《周易》的《临》卦有这样一句爻辞:"知临,大君之宜,吉。"这里的"知"已经有了"理智"的涵义,也就是说,人可以用理性与天交流。君王通过占卜这个方式与天神相知,从而按照天的意旨、遵循神的指示,并运用自己的理智获得适合统治民众的方法。在此我们可以看到,一个理性的人站立在天的对面,通过自己的理智领会和了解天意。也从这时起,"知"与"智"才开始通用;而在此之前,"知"仅仅表示非理性或先于理性的情感体会以及言说表达。

在析出"智"的涵义之前,"知"只是潜藏在人们原初的言语和行为里。这种言语只表达与天地及其他所有人浑然一体的本源感受,其中并没有出现主体—客体的对立,说者与听者也各自不作为独立的个人而存在。因此,不能说这里的交谈者可以做理性的判断,而只能说他们在话语和行事中,顺随着直觉的体验。此时的"知"就是"接",即与人接触中的本源情感或知觉,只有在人作为理性主体独立起来之前的群居生活体验中才能感受到。"知""接"意味着人与人之间没有界限的"无分别相",好像交接在一起的情感共融。这也是由早期的诗歌所表达的诗情体验。孔子所谓"诗三百,一言以蔽之,思无邪",其中无邪的"思"就是这种诗情的知觉体会。在充满了诗情的幽思中,人与人之间失去了距离而成为一个整体的存在,"未之思也,夫何远之有"[1]。与人无间然相交接的感受,表达在诗的言说中,成了人们最为本真的诗情之"知"。也由于还没有进入理性化的反思,这样的"知"还不能成为一个逻辑上的范畴,而只能称为先于范畴或前范畴的直观。

直到这种直观被理性反思为一个对象,"知"才能作为一个范畴;但要解释这个范畴,

---

1 /《论语·为政》:"诗三百,一言以蔽之,思无邪。"《论语·子罕》:"唐棣之华,偏其反而。岂不尔思,室是远而。子曰:'未之思也,夫何远之有?'"

还是需要回到直观的体验中去。那么理性之前的诗情可以作为诠释"知"这个范畴的奠基，以此可以在历史的源流中，观照各种解释话语的衍变，梳理出"知"以及"智"这个范畴的阐释脉络。任何时代对"知"范畴的表述中，都能找到诗性的话语，从中体验到的情感是与古人情景交融的。诗情提供了一面镜子，从这面镜子中可以观照到"知"与"智"观念在历史中的各种沿革，并让这些解释范式在考镜流源中找到各自的位置。

二、"智""知"的历史流变

如果以西周早期出现的"绝地天通"为界限，[1] 之前的"知"只是诗性的直觉感受，之后则成了主体性的、理性的概念。从诗歌的情感体验进入理性的反思过程，意味着人与天的疏离。这时，人需要通过占卜的行为和天重新取得联系，《易经》中的"知"就取了这个意思。也就在这时，"知"被灌注了"理智"的意义，既代表人对天意的领悟，又指向人世间的智慧；当超越的天与现世的人由此达到了贯通时，"知"与"智"才得到了分离与重新的融合。因此，理性"智""知"的出现，意味着人对如何超越于此在世界之外的反思。而在

1 /《今文尚书·周书·吕刑》："乃命重、黎，绝地天通，罔有降格。"可认为"绝地天通"的说法最早出现于西周早期。绝地天通意味着人和天的远隔，和人作为一个独立主体的挺立，具有极为重要的历史意义。从此以后，哲学形而上学的建构也带着主体性的特色，如理性的意味很强。

有迹可循的文献中,"知"大都出现在西周以后,也就是说,我们只能以当时融入了"知"的反思性理智为门径,来了解"知"在历史中如何被一次次地重新构建为形态各异的观念样式。

在中国哲学史上,"知"的几次反思与重建,分别出现于先秦、两汉、魏晋、两宋、明清以及近现代。其在先秦时代的出现,尚未完全剥离诗性的本源,这主要体现在孔子对"知"的多重解读中,如对天命的体知以及人际交往中的相知等等。同时,它也以两条较为清晰的主脉呈现在以孟荀为代表的思想流派中。这就是以孟子为发端的心性良知学说以及荀子主导的理性心知论。二者分别代表着"知"的上达与下贯两条路径,前者上溯超越的本体,后者开出寻常日用的人伦物理。道家、墨家、名家等支流错杂在这两条主脉之间,彰显出在天理和人道分疏的开端,"知"范畴在不同的意义层面发展出了丰富的态势。

到了两汉,对"知"范畴的解释渐渐从超越的领域转移到更为实际的器物领域中,对超越的反思与统治的正当性逐渐结合起来。在此过程中,"知"的超越性逐渐落实并凝固在统治之术这个本属于器用的层面里,[1]对形而上学

---

1 / 孔子:"君子不器。"(《论语·为政》)"器"在孔子思想中有器量、器物、器皿,以及各种实际用途的意思,略带贬义。比如孔子称"管仲之器小哉";又评价子贡"女器也""瑚琏也"。(《论语·八佾》《论语·公冶长》)《孔子家语·礼运》中有:"五行以为质,礼义以为器。"君王的统治术属于礼的范畴,因而也属于"器"。相比超越层面的或本体意义上的形而上者"道",实际的、具体的形而下的器用被称为"器":"形而上者谓之道,形而下者谓之器。"(《周易·系辞上》)

的反思也日渐沦陷为另一种工具式的理性。"智"也在这个过程中凸显出来。这时,"智"具有了在日常生活中明察秋毫的实践智慧的涵义。《孟子·万章下》:"始条理者,智之事也。"朱熹的集注中有:"智者,知之所及。""智"中包含着对事物条理的把握,"见微知著"也是同样的意思。[1]"智"成了"知"在器用或"识用"上的扩充和延展,可以说是"知"的现实化。[2] 而在这种现实层面上的扩充,同时也伴随着"智"对"知"的某种背离的警觉。比如《老子》中有"故以智治国,国之贼";而王弼对此的评价是"智犹治也"。"智"作为一种统治术的坎陷,很容易失去其在"知"的超越性发源处的灵动气质,而沦为一种"才性"。《老子》曾将"智"与"圣"同列为"才",这与《韩非子》把"智"看成"性"是相似的。作为人的"才性"而存在的"智"则恰恰是道家想要绝去的。[3] 而儒家则不同,其对"智"作为"知"在器用层面的延伸是始终肯定的。《荀子·正名》中说:"知有所合谓之智。"《孟子·告子上》:"是非之心,智也。"《白虎通义·性情》:"智者,进而止无疑惑。"智之于知的扩展,即意味着天与人的相通,也因此,儒家话语里的"智""知"从不曾分开。

而当"智"相对于"知"在现实

---

1 /《白虎通义·性情》:"智者,知也。独见前闻,不惑于事,见微知著也。"《大戴礼记解诂·曾子制言中》:"智,知也。独知事理,不惑利害也。"

2 /《论语·雍也》:"智者乐水。"皇侃疏:"智者,识用之义也。"

3 /《老子》:"绝圣弃智。"王弼注:"圣,智,才之善也。"《韩非子·显学》:"夫智,性也。"

中析出的同时，由于"人"的主体性不断加强，主体与作为客体的器物世界的对立也愈发深化。这导致人对客观事物的认知理论渐成体系，"知"范畴日渐发展成为一系列独立的伦理学和知识论，比如"智"表现为"知时""知可否""知贤"等理论体系。[1] "智"的体系化标示着人、我关系的复杂化，其中的每一套说理系统都蕴含着独特的价值预设和理论前提。顺着这个前提和预设发展下去，则体系之间难以彼此通融。"智"遂成了"不知而自知"的"巧诈"或"巧饰"，[2] 而这对于魏晋时期的学者来说，同时也是一种"异化"的加深。

自从人从天人合一的完满境界中跌落，人就在找寻着建立自己这个主体的根基，对超越的天道的反思所构成的形而上学就是这个主要的奠基者。然而当主体与客观世界的对立加深，对形而上的天道的"知"与形而下的器物层面的"智""识"杂糅起来，人也就越发感到失去主体性根基而"异化"的忧惧。比如在魏晋时代，玄学家通过援用老庄的学说，将以往有关"知"的各种学说都看成"有"，而这个"有"是需要被"无"解构掉的。因此，无论从认知客体世界所得到的知识，还是从人伦世界所需要的价值上来说，都旨在寻求化解有知进入无知的"贵无"之道。而魏晋时代的学说所珍视的，与其说是"无"本身，毋宁说是对有迹有

---

[1]《吕氏春秋·当务》："知时，智也。"《淮南子·道应》："知可否者，智也。"《韩诗外传》卷七："知贤，智也。"

[2]《淮南子·览冥》注："智故，巧诈也。"《原道》注："智故，巧饰。"《列子·仲尼》张湛注："智者，不知而自知者也。"

形的存在物进行一种语义解构的方式，以探索其如何回归本源的法则。譬如，王弼著名的"得意忘象"，贵在得"无"与忘"有"之间的思辨方法，而不是有、无本身。对方法途径的倚重，给魏晋玄学带来了一些高冷的色泽，使得向玄思的倾斜悬浮或独立于价值的基础。换句话说，价值本身是无法用玄学的思辨得知的，它只能萌生于日常的所行所思，而这正是价值的诗性本源，也是"知"的本源意义。

经历了魏晋的反复，南北两宋更加注重实在的"有"，试图从方法上将"知"的超越意义与现实中把握到的价值联系起来。首先，现实价值获得了本体论的地位。而这是通过"知"的超越性与价值性的结合达成的，这也是儒家"知""智"不分的再次体现。灌注了价值性的理智反思构成了"知"的本体论，获得了统摄其他器用方面的奠基地位。同时，当某种价值性的"知"被确立为某种形而上者而固化下来，这种形上学更容易沦陷为"理智"的工具，而失去了诗性的灵动。比如，朱熹的"存天理，去人欲"，在学理上本有着非常深入的阐发，但却在其所处历史语境的特定价值规约下，被教条化、庸俗化了，反而成为钳制人性与理性的枷锁。问题的根源，不在于这种形而上学的本身的结构，而在于这个价值本体从本源的诗情体验中被建立的过程究竟是如何被解读的。

也许正出于对这个情况的反思，到了明清时期，"知"的概念再次经历了一次解放。一方面，它的形上建构得到了进一步的丰富完善,并有取代其他范畴成为终极本体的趋势;另一方面,知与行的关系日趋紧密,知对行的倚重标志着价值多元化的趋势。如果说,思往往具有先验的前提,因而容易受制于某种固化的理性形态的抑制;行则意味着向与人共在的无限多样的敞开,因而更靠近诗情的本源。由于行的多样化,知的形而上学阐释也有了更加多元、更富于历史性的特征,由此也打开了近现代对知范畴的多重解释之门,契接古今中西学术交流的坦途。

从"知"或"智"的观念史中可以看到,随着主体与客体世界的对立加深,对超越的反思开始被印上明显的具有价值意味性的主体性成分;而在此基础上进行的反思,在原路返回的执着中,却容易错失于价值的诗性本源,"知"与"智"的分离也就难以迷途知返。"知"或"智"其实都是在诗情流转的观照中被不断赋予新义的,其中既包括知识性也包含价值性;而对价值的认识是随着历史情境的转换而与时偕行的。这就令这种价值的本体论在对"知"的反复阐述中日趋复杂而多样,"知"本身也愈发贴近了现实中的诗性语言与行动。面对现实生活中多变的价值,"知"要找到一个终极的价值本源作为基础,那么这个本源只能更加切近生活本身。而生活中有价值的对象,则不能以同样的价值物来解释,而只能以无物存在的诗性语言来摹状。举个例子说,要说明婚姻在当世的价值,从婚姻中任何一方的价值上都说不清,反不如以诗性的言语描摹夫妻情感的亲密无间更能使人接受。因此,只有在诗情本身才能找到"知""智"的同源所在,并勾画出这部诗性的观念史。在这种历史的叙述中，即使是在最为背离本源的地方，诗性的思考也是不可或缺的。由此可观察到各种话语方式的来龙去脉，也能在错综复杂的观念争鸣中理出一以贯之的思路。

三、"智""知"的理论建构

在纵向梳理完了知的观念史之后，不妨再横向列举一下几种主要的阐述方式。首先，是思孟学派开启，由宋明理学和心学继承的良知本体论。这也是影响最为深远的学说，从孟子的"良知"（《孟子·尽心上》）到《大学》的"致知"，直到王守仁的"致良知"，可以作为统贯"知"范畴的一条主线。作为补充的是荀子、韩非、董仲舒等的智性之知，在承认了天人相分的基础上，注重客观世界为主体所用的维度，并偏重于主体的价值判断，逐步开出关注现实世界治理方法的治道，也使得价值渐渐固化下来。当把固化的价值与前面的"知"的本体论结合起来，往往会形成一些压制。与此相对的是道家、魏晋的无知说，通过对建立在主体性之上的价值和知识的两重解构，意在打破主体理性的僵化，体认虚、无为回归的本原。只是体虚、贵无的取向，虽可以成为取法的途径，却不能回答价值的本源问题，因此魏晋庄老之说究竟失于迂阔。由此反观，明清之际的知行合一论更近于成熟，在继承了前学深厚的思辨基础之上，把知的概念植根于日常的践行智慧中,似乎更接近一种朴素的诗性叙事。

从"知"的范畴史上说,其实真正缺位的是始于名家和荀子的知识论,发展到了东汉王充的"实知论"已初具规模,却在魏晋玄学的冲击下化有入无,消解于抽象的玄思中。这一空白在现代新儒家那里得到了填补。以牟宗三、徐复观等为代表的新儒家,重新发现了"见闻之知"的重要性,他们以体与用的关系,把智性的知识摆放在德性的价值统摄之下,也为其保留了一个位置。当然,这个位置还不至于让它有突破价值形而上学的能力,但却有成为其一个分支的可能。事实上,这个分支的雏形已经出现在荀子的知识和价值论里。如果说魏晋玄学和宋明理学力在阐释这个理论框架之前或为之奠基的形而上学部分,那么这一部分在现代新儒家那里被进一步地扩充了,并为其解释对象所纳入的新分支留出了空间。

概括说,从思孟学派、魏晋玄思,到宋明理学、心学,再到明清之学以及现代新儒学,他们共同致力的是作为解释者的价值形而上学建构。这里的价值并不同于形而下的现实意义上的价值,而是本源意义上的价值来源,这个价值的本源成为知识论和价值论的共同奠基者。由此也可以看出,知在中国哲学中的地位,作为形而上学的观念部分超过了作为形而下学的器用部分,且前者为后者的解释基础。那么,知的观念史主要由前者构成。

知主要呈现为几种观念形式,分别是良知、性天之知、清明之境(《荀子·解蔽》)、无知之知,以及牟宗三后来的"智的直觉"¹等等。与此相对，知在形而下的器用概念上，主要体现为识知、觉知、征知（知道/知天之知）、"知有所合"之智（《荀子·正名》）等。

（一）本体意义上的"知""智"

在贯穿中国哲学史最重要的概念中，良知论不可或缺。良知最初由孟子提出："人之所不学而能者，其良能也；所不虑而知者，其良知也。"（《孟子·尽心上》）朱熹解释道，这里所谓的"良"，是指本然的善。他引用程子的话说，良知和良能是找不到其来由的，是每个人天生就有的，不依赖他人而获得，也不能被别人夺走。²能够通过习得或运用某种方法进行的思考，不能叫作良知良能，因为这种知与能都必须经过后天的学习，因而属于形而下的学问。而良知则相反，是指脱离了各种具体现象和方法的形上思辨，而良能就是人人都具有的这种思辨能力。王阳明把孟子的良知说发展为："吾心之良知，即所谓天理也。"（《传习录》）并把《大学》中的"致知"解释为"致良知"，也就是把心中内在的良知所涵的天理推广到万物，这样万物就都得到了自己的理则。³换句话说，最终的形而上者或本体，无非就是心中的良知本身，而万物也只是由自我的良知所构造给

---

1 / 牟宗三：《智的直觉与中国哲学》，中国社会科学出版社2008年版。

2 / 朱熹："良者，本然之善也。程子曰：'良知良能，皆无所由；乃出于天，不系于人。'"《四书章句集注·孟子·尽心上》。

3 / 王阳明："致吾心良知之天理于事事物物，则事事物物皆得其理矣。"《传习录》中。

出的。譬如一朵花，只有在人去看它、思考它的时候才存在，没有不存在于良知之中的事物，也没有脱离良知的本体。良知本体论对阳明之后的学术有深远的影响，也占据着中国哲学极为重要的一席。

由于良知是心的本体，[1] 而心的本体也就是天理或心性。那么通过良知的体察，尽心、知性、知天均可一以贯之地获得。宋明儒学致力于构建一个一体包容的形而上学，这在理学和心学那里达到了极致。而当我们回头再把视角投向先秦时，在与孟子持相反观点的荀子那里，会发现知的另一种形而上学样式，即"心有征知"。很多人把"征知"当作经验或先验理性的认知，其实并非如此简单。荀子的征知分为并列的两部分，即"知道"和"知天"，二者都不能仅仅归诸经验的或形下的认识，也不能概括以本体论意义上的先验理性。荀子批判庄子的"蔽于天而不知人"，同时也批评孟子"蔽于人而不知天"（《荀子·解蔽》）。在他那里，既没有作为自然本体的天，也没有人的心性或理性本体的存在。因此，他不会用天的自然性压倒人的价值性，也不会将人的价值当作天道而凌驾于自然之上。荀子的观点毋宁说是，人有人的价值，天有天的道理，人对于天，只能做自然的认识，而不能把自己的价值上升为天道、天德。天和人都不再成为本体，那么荀子的理论也就不再是本体论，但在知人（道）与知天的解释上，他依然有一套精致的形

---

1 / 王阳明："知是心之本体。""心之本体即天理也，天理之昭明灵觉，所谓良知也。"《传习录》上。

而上学。

这套形而上学就是以"正名"为代表的诠释话语体系,通过它,荀子论证了知道与知天分别是并列的知识与价值两个范畴,只不过道是指人伦价值,天是指人能认识到的自然世界。天和道都被去除了本体的色彩,只成为人的判断对象,那么知也仅有判断的意义,不再作为心的本体而出现。荀子虽然说"圣人为不求知天"(《荀子·天论》),人与天不能从本体论上连接起来,却依然保留着"天道",并指出人只有符合了天道,才能制定出万世不易的礼之理。那么这种天人对接是如何取得的呢?荀子的"正名"中蕴涵着一套形而上学的语言系统,通过君子的"大清明"之境,以一种时间性视域的引入来解释这个问题(详见以下章节),因此荀子的知是形而上学而非本体论的。

荀子的形而上学思想具有开创性的意义,他以语言论证取代了玄学思辨,为思想的形而上学指出了一条科学之路。但很遗憾的是,这并没有被他的后人继承。从韩非子到董仲舒,直接摒弃了思想的形而上学,而逐步转入了统治的形而上学,使这种学问沦为了教条和工具。这种沦陷始于韩非子由知到智的论述,对"知"的解释已丧失了形而上学的本源基础,而沦为形下的经验论辩。譬如,《韩非子·说难》中有:"凡说之难:在知所说之心,可以吾说当之。""凡说之务,在知饰所说之所矜而灭其所耻。"这里的"知"是指对谈话对象心意的揣测,对其所欲所恶、所好所耻的把捉,只有经验上的意义,而丧失了一切形而上的维度。董仲舒在《春秋繁露·必仁且智》一章中，专门讨论仁、知（智）的关系。他认为："何谓之智？先言而后当。凡人欲舍行为，皆以其知先规而后为之。"知就是明了事物的终始变化、行为的适当进退。这其实遥契荀子的"知道"之知，然而却没有荀子的大清明之境界论。究其原因，董的形而上学是直面制度的，同样，知的建构也仅仅关涉到伦理政治层面的所行所事，而无关乎语言层面的存在之思。这使其形而上学走向了庸俗化、简单化，由于更为靠近政治而致疏离了哲学。

继秦汉之后的魏晋玄学，在知的形而上学中占有重要的一席，也正是由于其对汉儒的反省所致。这一反省不仅限于价值领域的形而上学解构，而且也像庄子道家那样包含了知识上的"反智"。[1] 在这双重的返归中，魏晋学术也走向了绝对的虚无，如《晋书》中记载的"（阮籍）时率意独驾，不由径路，车迹所穷，辄恸哭而返"，其中饱含着弃绝虚无的无比颓丧。如果像余英时所说的那样，秦汉儒学已成为反智的开端，那仅限于从价值本源向"尊君卑臣"意识形态上的固化，因而这种反智是指一种刻意的统治之术。而魏晋的"反智"则不同，它意在将一切有形迹的知识与价值溯归于虚无，因而不妨称其为"反知"更为贴切，意思有点接近现代的解构主义，具有强烈的哲学思辨气息。它虽然指向所有现存形而上学的反面，却依然没有脱离形而上学的范围，因为"穷途知返"本身

1 / 关于道家的"反智"，可参见余英时的《反智论与中国的政治传统——论儒、道、法三家的政治分流与汇合》一文中对庄子在知识上的反智的评述。

就是形而上学的构思,即使是反向的。

在"知"的观念建构中,真正有意义的,无非是思孟——宋明、荀子和魏晋学说,其中"知"与"智"在本体论的构造中占据了不同的位置。而在晚明和近现代新儒家的思想中,这种分别又被继续杂糅起来,并在与西方学说的比较中,使此本体论的体系益发丰满。首先,明清之际的知行之说开始变得复杂而完善,知与行的日益结合,为知的哲学思考奠定了价值的根本来源,而不限于方法论上的抽象虚无。并且,随着西学的大量涌入,借鉴批判和反思重构并在,也为新的开创做出了广阔的铺垫。随着体与用的关系日益精致,"知"与"智"也在分离与融合中贴合得更加紧密。

(二)器用层面上的"知""智"

《易传》里有:"形而上者之谓道,形而下者之谓器。"与本体论意义上的"知"相一致的是在器用层面即形而下学意义上的涵义。"知"在形而下的观念范畴中,主要表现为与人的身体感觉以及头脑中的认知相关的几种意义。其一是知觉,这也是从甲骨文发展而来的,最靠近原初情境的涵义。知觉不单为人所有,也是动物们都具备的。荀子说:"禽兽有知而无义。"(《荀子·王制》)这里的"知"不仅指五官感觉,也指内在的情绪。例如他指出,"乳彘触虎,乳狗不远游"(《荀子·荣辱》),动物也有爱惜自己和亲人的感情。他还发现:

> 凡生乎天地之间者，有血气之属必有知，有知之属莫不爱其类。今夫大鸟兽则失亡其群匹，越月逾时则必反铅过故乡，则必徘徊焉，鸣号焉，踯躅焉，踟蹰焉，然后能去之也。小者是燕爵，犹有啁噍之顷焉，然后能去之。（《荀子·礼论》）

有血气者必有心知，这就把人和动物从知觉角度上归为一类。鸟兽对于同类的夭亡，同样会哀伤踯躅，久而始去，这本是人重视丧葬的源头。也因此，荀子的"天官"包括六官：耳、目、鼻、口、体、心。其中最后一个感官——心，是指心中的知觉或情绪，也就是七情。这与心的另一个意指——天君要做出区别，天君的发用是形上之知，天官则代表着形下之知。从广义上说，知觉涵盖了所有的感官作用，从狭义上讲则只包括心里的情绪。但并不是说，心中的情绪与形而上的感悟是截然分为两块的。这里的二分只是从不同的角度说，从认识角度上是情绪知觉，从价值体认上就是思辨觉悟。所谓的形下之知，大体上都是从认知意义上讲的，而感官知觉就是一个典型的代表。

说完了认识的结果——知觉，就可以继续探讨认知过程本身了，同时也可以讨论价值判断的过程，因为知道与知天是并列的两个结构，共同出现在反思体认中。道和天在此都成为反思的对象。而对知道、知天过程的反思和表达，也即经验中的事实和价值的来源，这本身属于形而下学的部分。荀子的"天官之意物也同""心有征知"(《荀子·正名》)就是说的这个。

人对天的认识,与对人伦价值的判断一样,都不属于玄虚的天道,而是经验中确切的事实和价值,比如眼睛可以看,耳朵可以听,三年之丧不可废等等。对一切有形有迹的存在者的认识和价值判断,构成了荀子的知识论(知天)和价值论(知道)的主要部分。当然,为什么眼睛看到的、耳朵听到的、心所判断的价值是这样,而不是那样,这些问题属于形而上学的讨论范畴。荀子对此另有语言上的辨析,也就是在《解蔽》中"凡以知,人之性"的形上论辩。然而在《正名》的"所以知之在人者谓之知"这句话里,仅仅保留了"知"对于人这个主体在判断上的意义,因而属于形而下学的体系。这与紧随其后的一句"知有所合谓之智"联系起来,赋予了"智"以主体—客体架构,完成了形下认识论和价值论的搭建。

由荀子开启的智性之知,是有着形上根基的形下话语系统,并可诉诸语言学方法予以论证。然而当此"智"被汉儒取消了形上根基而简单化或经道法合流的反向诠释之后,则沦为了"反智"的专制工具。此后关于智的讨论,则多见于它和法、术、势的结合,毋宁说几近权谋之技了。

从纵向和横向两维重新审视"知""智"范畴的架构途径,可以看出从本体论到器物层面的建设中,呈现出一条清晰的脉络。本体论上的"知"在观念史中处于基础地位,而在"知"的哲学建构历史上,也从不脱离日常实用中的认知意义。如果说"知"

的观念史就是一部哲学史,从中可见,当它成为一个哲学范畴之前,只是一种诗意的言说;而当它成为一个具有形而上意义的范畴时,它首先成了与天道相契合的心性本体。在关于这个本体的历史叙述中,逐步走向了本体的诗性化、本源化;或者说,在本体建成的同时,也面临着解构的忧患。这个解构的角度有两种,其一是庄子、魏晋的玄学式解构,仅限于方法论的维度,因而容易流于价值的虚无。另一种是在承认价值的前提下,不把它当作本体,而是以多样的生活或行为作为价值创生的本源;价值与事实共同萌生于同一个诗性的本源,如同涌出泉源的孪生子。这样建构起来的形而上学,以反思性的语言为论述的工具,并通过反思不断完成向诗性本源的回归。这样,既避免了凌空蹈虚的空中楼阁,又不至陷于穷途末路的解构困惑。这样的一套形而上学在荀子那里初具规模,却在随后的秦汉儒学中被损伤殆尽。所幸在明清的本体本源化中,"知"的诗化特质重又依稀可辨,并随着现当代新儒家的兴起,似有再次成为形而上学话语之奠基的潜力,这或许是诗性文化复兴的大势所趋。

第二章
"智"在先秦的起源

一、早期经典中的"知""智"

知在《周易》中最具代表性的一次出现，是《临》卦里面的"知临，大君之宜，吉。"临一般是指上层对下层的统治，比如《国语·周语》中的"受职于王，以临其民"，其中的"临"就是对百姓的统治。"知"与"临"之所以在临卦中被放在了一起，一种解释是说，"知临"是指君主对统治之道的领会，而在另一种解释里就是运用智谋来治理百姓。[1]在前一种说法中，治理民众是有道可循的，不过这个道具有类似"天道"的意义。它先于人而存在，只能被人理解和把握，而不能任凭一己的想象制造出来，那么"知"也只是人对这种本体意义上的道的领悟。而后一种解释中"知"没有任何超验的涵义，道就是君主在日常经验中的统治术，因而这里的"知"有了更多"智"的因素。

---

1 / 这两种释义分别参见：蔡方鹿：《知》，四川人民出版社2004年12月版，第29页；黄玉顺：《易经古歌考释》，上海古籍出版社2014年5月版，第141页。

第二章
"智"在先秦的起源

从殷商时期的甲骨卜到周易的蓍草筮，体现出了神与人的分离，即人的理性化与神的抽象化。这正是"绝地天通"的一种表现。那么从筮辞上看，人在现实生活中的理性精神已经表现出来，不过这并不意味着原始的卦爻辞中同样具备这种精神。由于"知临"是殷商时期流传下来的爻辞，年代最为古老，其中的理性因素不能说没有，但也不算十分清晰。用智谋这种中古时代的观念来解释"知"在其中的意思，似乎不太妥当，甚至用知晓、懂得这样的理性化用语也不合适。

知与临的结合，正如其他的几爻"咸临""甘临"等那样，其实只是表达着极为本源的感受或知觉，并将这种感知描述为直观的意象，这就是通过占卜而获得的天象。天与人通过占卜而达到了汇通，"知"则将天人合一的本源感受凝聚在直觉化的叙述里。占卜的行为本身就是天人融合这种诗情体验的表现样式。而从这种本源的感知中可以跃升出主体性的认知，爻辞就是在与天混融的占卜中形成的诗情言说，而在对爻辞的解释中产生了对治民方术的反思和认识。这整体上就是主体性的生成过程：从诗情的体验中升起，在诗性的叙述里汇聚，最终在主体的反思中形成"临"的治理之道。"知"纵向跨越了这整个过程，成为诗情体验中的观念形成并诉诸语言表达的通道。

从"知"在先秦文献中的发源来看，其中所具有的理性意味，依然与这种原始的诗情有着关联。例如在《诗》《书》等早期文本里，"知"更多地表现为天人之际以及人与人之间没有区隔的情感联系。例如：

知我者，谓我心忧；不知我者，谓我何求。(《王风·黍离》)

知子之来之，杂佩以赠之。(《郑风·女曰鸡鸣》)

苕之华，其叶青青。知我如此，不如无生。(《小雅·苕之华》)

我不敢知曰，有夏服天命，惟有历年；我不敢知曰，不其延……知今我初服，宅新邑。(《周书·召诰》)

亦惟十人迪知上帝命越天棐忱……尔亦不知天命不易？(《周书·大诰》)

以上各句中的"知"，一般都认作认知、了解的意思，然而放在当时的语境下体会，则并非如此简单。以前三句诗为例，"知我""知子"都不是在已有的主体—客体架构下的认知。否则，"我"和"子"作为两个对象，本来就已经在那里了，而这种没有给出任何认知结果的"知我""知子"，也就成了无意义的废话。然而在诗的言说中，往往就充满了这种没有指向的、无谓的絮叨。如果放在诗情的叙述中，此处的"知"其实是先于主体和客体的存在的，或者说，主—客的分疏正是在"知"的过程中萌生出来的。在成为反思性认识之前，"知"的本源意义是人与人之间亲密相知的情感；在这种没有你我之分的相知中，主体"我"和客体

"子"才一同出现,并分离为两个独立的存在者。这正像生育孩子一般,孩子在生产前的存在仅仅显现为原始的母爱,而在脱出母腹的一刹那,他(她)开始被当作一个对象来认识和命名,主客相分的世界从本原的境域中凸显出来,就是"知—我""知—子"的诗性叙述。本源情境既可以是人的共在,也可以是人与物的共生,后者在第三句诗中得到了典型的体现。在苕华凋落和绿叶掩映中,一种悲戚哀婉的感知由此产生,我作为一个主体也在这种诗情的知觉中呈现出来,并产生了"不如无生"的思考和感叹。这三句诗,其实最能彰显知的诗性源泉,即从无我的直觉到有我的反思之间,知表征着主体以及观念的最初涌现,这也是理性的源流之端。

从《尚书》里的这几句,就能看出诗性到理性的萌芽了。《书》中的知大多与天命有关,从"我不敢知曰"一句中看,由"知"到"曰"暗含着通达天意、代天授命的原始涵义。然而前面加上了"我不敢",则彰明了一个理性主体的挺立,即不敢以主体"我"的身份代授天命。我与天的沟通受到了阻滞,天的意旨被代以下文中的德,即"惟不敬厥德,乃早坠厥命"。在继天以德之后,天的诗性意味也随之消失殆尽,而德性被逐步建构为理性的本体,由此建立起了后来"知"范畴的形上、形下结构,在此理性的结构中开始渗透了"智"的涵义。例如《左传》中出现的知,就有了很多认知理性的意义。[1]

1 / 参见《左传》中记载的"非知之实难,将在行之"。

二、先秦儒家论"智"的简易

有关"知"以及"智"的思想,在先秦儒家那里发展得最为丰富。首先,《论语》中孔子多次言及知,在他那里,知已经具有了很多的理性成分,而同时也不乏与《诗》中的"知人""知天"相似的表述。因而,孔子所论说的知分为两种。其一是本源情境中的良知良能,这种良知是情感直觉的直接指示,还没有成为主体性的理性考虑;或者说,主体—客体的架构是在这种良知指向中成立的。那么,这样的本源良知就是无物我、无主客的"知无"。在此基础上建立起了孔子所说的第二种"知",就是用主体"我"的理性进行认知,用主体的智慧来思虑、明辨。这第二种"知"以主体性的成立为前提,在主体理性的观照中,才有了流俗意义上的时间、空间,并依次展开人伦物理的建构,由此进入了"知有"的领域。[1] 以《宪问》一章为例,属于本源意义上的"知"的,主要有下面几例:

子曰:"莫我知也夫!"子贡曰:"何为其莫知子也?"子曰:"不怨天,不尤人,下学而上达。知我者其天乎!"

微管仲,吾其被发左衽矣。岂若匹夫匹妇之为谅也,自经于沟渎而莫之知也?

不患人之不己知,患其不能也。

---

[1] 关于"知无"和"知有"的区分,可参见黄玉顺:《中国正义论的冲击——儒家制度伦理学的当代阐释》,时代出版传媒股份有限公司2013年版,第95—102页。

鄙哉，硁硁乎。莫己知也，斯己而已矣。深则厉，浅则揭。

而在同一章里，也出现了"知"的另外一种涵义，即"理智"或理性的认知和理解：

子曰："若臧武仲之知，公绰之不欲，卞庄子之勇，冉求之艺，文之以礼乐，亦可以为成人矣。"
君子道者三，我无能焉：仁者不忧，知者不惑，勇者不惧。
是知其不可而为之者与？

本源意义上的知，有知己、知人、知天命以及知其他德性这样几种用法。在这个意义上，知仅是指在一种本源的情感中，人与万物以及情境的交相融通，这种贯通是由直觉的体察而获致的。换句话说，本源的知是没有物与我的对立，也就是无主体或先于主体的；而主体只是伴随着从本源的知到物我有所对待而成立的清晰的认知这个发展进程而显现出来的。当主体"我"与客体"物"出现了对立时，也就是主—客架构诞生的一瞬间，这时物我相对的世界才清楚地展现在主体的面前。在这个具象化的世界中，无论是形而上的德性，还是形而下的各种人情物事诸如人的智慧、礼乐情用等，都有了各自的位置，就像一幅画卷般在主体面前展现出来。而这幅画是在主体性诞生——即主—客对立产生的那一刻呈现出来的。从本源的、直觉的"知"里骤然绽显出来的这画面，也就是形而上学与形而下学的各种范畴各自得到自己位置而构成的一个主体性世界的具体表象。在孔子之后的诸种学说中，处于形而上学位置的德性范畴被扩展成了德性之知，另外，形而下的范畴则被称为见闻之知。前者可以离开后者而独立存在，但后者必须居于前者的统摄之下，并经由前者的下贯之后才能实现。值得注意的是，后世的本体论意义上的理性、德性之知，都是主体性确立之后的事情，而前主体性的本源之知，只有在孔子思想中体现得最为充分。

那么，孔子的知可以作这样一个划分：本源的知（知天、知仁、知我、知人）——理性的知（知义、知礼、知新、知来者）。其中的界线是主—客对立的原始发生，在此之后建构起来的理性世界是以流俗的时空与人—我的对待为基本结构的，这都源出于主体性的建立，而主体性则来自生机跳脱的本源。在孔子看来，人之所以能够贴近本源，在于不断地学习。他说："好仁不好学，其蔽也愚；好知不好学，其蔽也荡；好信不好学，其蔽也贼；好直不好学，其蔽也绞；好勇不好学，其蔽也乱；好刚不好学，其蔽也狂。"（《阳货》）任何一种德性，如果离开不懈的学习致知，都会流于其反面。这句话中的"知"接近理性的意义，然而离开了学习的行为，理性或德性也失去了着落，只能陷于荡然无归。

除了本源的知与理性的知，孔子也讲到现实层面的智慧——

"智"。比如他曾指责管仲"不知礼""器小",但同时又赞其"相桓公,霸诸侯,一匡天下"之力与仁,同时自称"知"管仲,"岂若匹夫匹妇之为谅也,自经于沟渎而莫之知也"(《宪问》)。他对管仲的这种"知",其实是在器用层面上对其智慧的赞赏。而这种实用中的智慧,也是在学习的日常行为中习得的。学习不仅是诵读经书,更多的是生活中的行动实践。孔子说:"诵《诗》三百,授之以政,不达;使于四方,不能专对;虽多,亦奚以为?"(《子路》)实践智慧也是从生活的诗情本源中获得的,因此也可以由本源之知—理性之知来奠基。那么在孔子看来,管仲在本源的体知上是很好的,因此连赞他"如其仁";但在理性的把握上,管仲是有所偏差的,这导致了他的"小器"与"不知礼",不过依然不妨碍在实际的"智"上有杰出的表现。在孔子那里,理性未必是成色完满的,然而本源的生活情感却是真实流溢着的,只要有一份诗情的真诚和好学的勤奋,依然可以有出色的智慧。

"智"更多地体现在日常生活的实行中,也就很自然地与现实层面上的治理规则结合了起来,在孔子的话语里就是"唯上知与下愚不移"(《阳货》)。这句话里的"知"意思当为"智慧",因为当孔子把"知"与"愚"对立起来时,知往往都是指实际行为中的智慧。比如在《为政》里孔子说:"吾与回言终日,不违,如愚。退而省其私,亦足以发,回也不愚。"颜回在与老师的应对中表现得并不够聪慧,但回去在日常实行中,却将老师所讲授的落实发挥得很好,这就足以表明颜回是智的,而不是愚的。可见孔子对现实行动中体现的智慧有多么看重,判断一个人是否具有知解的理性,不是看他说得如何,而要看他怎样落实在做事上。而在日用实行中表现出来的智慧,才是得到提拔擢升的依据,也就是"上知"——重视、重用有智慧的人;与此相反的是"下愚",不够有智慧的人应当处于下位,服从有智者的管理。

这样,就可以更加完善孔子论"知"的话语体系。首先是本源的情感知觉,也就是用诗歌来表达的诗情的感知;第二个层次是理性的知解,也就是知仁、知义、知礼,即主体对各种德性的理解和把握,这时才确立起了主体性的理知;第三个层次是现实事务中的实践智慧,也就是日用习行,在不间断的实行中学习完善,才能获得上述的理知,这个实践着的"知"也是"智"。孔子更重视的是最后一个层级,从"诵诗三百"中,学习到的是如何从诗的情境中抒发言辞,而这只有放在处理政事和外交应对的实际经验中才能真正获得。主体的理知以及实际的智慧是在诗情中产生的,而诗情却要在经验习行中才能不断涌现出来,因而"知""智"只有回到现实生活中去寻求生生不息的源泉。诗情贯通在行—知—行的循环往复中,成为"知"的三个层级的奠基根本。

相比孔子,孟子对理性的"知"有更为严格的要求。他认为:"诐辞知其所蔽,淫辞知其所陷,邪辞知其所离,遁辞知其所穷。生于其心,害于其政;发于其政,害于其事!"(《公孙丑上》)任何理性或德性的偏差,都可以在其人的本心上找到根据;而主体性确立得不完善，就会使现实的政事行为有所偏误。不过要"知人"，即了解一个人的主体德性是如何确立的，首先要"论世"，即从接触这个人所处的生活世界开始。这还是向诗情生活的回归，也就是对理性须建立在本源之上的承认。

孟子同样有对"智"的阐释："仁之实，事亲是也；义之实，从兄是也；智之实，知斯二者弗去是也。"（《离娄上》）这里讲的是主体所把握的德性，其实还是在日用伦常的行动里面，比如"仁"这种德性就落实在侍奉父母的行为里，"义"则落实于与兄长的相处中，所谓"智"就是从这些实际经验里面理解了这些德性，并牢固地把握和贯彻到继续的行动中；再从行为中重新获知和把握德性，从而使德性处于主体一贯的把握中，而没有片刻的失落。对于德性没有间隙的把握，在孔子与孟子那里是一致的，都是在诗情的涌动中持守着德性，在情感的贯穿中确立和把握着德性。

《易传》虽自古被认作孔子的作品，但自宋儒开始以至近代以来，疑古派渐渐将其成书时代推到秦汉之际。比较有代表性的说法包括郭沫若的荀子后学论[1]以及葛瑞汉的西汉早期说[2]。其根据主要是孔子以后的先秦儒家，除了荀子以外都没有与《易传》相似的文本出现；而且包括荀子在内，都未把《易》列入五经。但《易传》中出现的阴阳、五行范畴和西汉流行的阴阳五行说未

1／郭沫若：《青铜时代》，《郭沫若全集》（历史编）第一卷，人民出版社1982年版，第402—404页。

2／葛瑞汉：《阴阳与关联思维的本质》，《论著》（第六卷），新加坡：东亚哲学研究所，1986年，第13页。

必是同一个意思,并且阴阳、五行的范畴同样出现在其他五经中,因此把《易传》推到秦汉似乎也只是一个猜测而已。

因此又有学者对疑古派提出批评,并将《易传》成书年代往前推,甚至重新推回孔子。刘大钧以《系辞》为准,把《易大传》的成书年代大体定在战国初到中期。[1] 廖名春借助帛书《易传》与今本的继承关系以及子夏等弟子所作《易传》的关联,认为《易传》所记载的语录出自孔子。[2] 另外,尤其是《荀子》与《易传》文本多有相似,同时荀子又激烈批评子思、孟子,或许可以从中推测荀子与《易传》的微妙联系。比如最近有学者提出了与思孟学派并立的"弓荀学派",以孔子的弟子——子弓为《易传》的作者,从而把《易传》再次推到了孟荀之前,也未尝不是一个重要的参照。[3] 总之,从《易传》里可以更加清晰地看到孔门后学关于知的本源思想:

> 乾知大始,坤作成物。乾以易知,坤以简能。易则易知,简则易从。易知则有亲,易从则有功。(《系辞上传》)
>
> 夫乾,天下之至健也,德行恒易以知险。夫坤,天下之至顺也,德行恒简以知阻。
>
> 子曰:知几,其神乎?……几者,

---

[1] 刘大钧:《周易概论》,齐鲁书社1986年版,第11—24页。

[2] 参见廖名春:《〈周易〉经传与易学史新论》,中国人民大学出版社2014年10月版。

[3] 近有专论将《易传》推到孔子弟子——子弓,这样《易传》就足以成为孟子以及荀子的共同思想来源。其中以荀子对《易传》的继承为主。参见林桂榛:"大儒子弓身份与学说考",《齐鲁学刊》2011年第6期。

动之微，吉之先见者也。君子见几而作，不俟终日。

易之为书也，原始要终，以为质也。六爻相杂，唯其时物也。其初难知，其上易知，本末也。(《系辞下传》)

《系辞》开篇就把乾坤分别做了知与能的分别，能是对知的顺从，这或许也启发了后来人们对知行关系的认识。从荀子对此说法的继承来看，[1] 从知到能经历了这样的过程：所以知——在人之知——智（知合于物）——智所以能——能（或训为耐，能合于物）。最初的"所以知"，是为了解释主体性之所以被给出，那么"所以知"的位置应该处于主体性的确立之前。而这个主体性的理性认知，其根源究竟在哪里，只能回到本源的意义层面上去讲。换言之，从本源的诗情觉知中确立起了主体的理性知解，也就是作为一种绝对的主体性而存在的心性或德性，它被唯一的主体理性所理解和把握。绝对主体的理性也是一个形而上的本体，当这个形而上的主体理性混入了对外物的感觉而被充实起来的时候，也就随物而赋形，根据实际的具体情形做出与当下情境与事物特性相适宜的判断。这样就出现了各种具体而微的、形而下的"智"（实践智慧、处事才智等）。最后一步是由"智"到"能"，即在才智的指引下开始了身体与外界打交道的实践行为。因此，原初的"易知"意味着亲近本源，而最终的"易从"则指向了致用

1 /《荀子·正名》："所以知之在人者谓之知。知有所合谓之智。智所以能之在人者谓之能。能有所合谓之能。"

事功。这样自上而下，依次是知的本源——形上——形下意义的一脉相承。

乾坤的特征是"知险"和"知阻"。险阻都与德行有关，而德与行分别指的是形而上学、形而下学两个领域。德行以易、简为原则，同时也就排除了其反面的险、阻。因而，"知"在这里指明了构成价值世界的正反两面，即简易和险阻。当展现和建构的过程是简捷而易行的，这个过程本身就彰显为一种正面的价值，也就是善的；反之，如果建构中充满了险阻、断裂，这本身就呈现为一种反面的价值，也就是不善的根源。现实世界中的各种各样的"善""好"等正面价值，其实就蕴涵在"知"的原始建构的易简原则里。在建构主体性世界的过程中，能够发乎本源、不待外物，就是简易直截而不违逆。荀子特别称之为"径易不拂"，这就是"善"的价值所在。[1] 而这同样也是孟子的良知、良能中"良"的趋向："非由外铄我也，我固有之也。"（《孟子·告子上》）我自身固有的价值，只是随着主体性从诗情中的直接萌生而彰显出来的，这也是知在主体性建构中的本始价值取向。

接下来，《易传》就"知几"这个概念，进一步阐述了主体是如何达到对正面价值和反面价值的理解与把握的。与"知几"意义相近的阐述，同样也出现在荀子的"危微之几"（《荀子·解蔽》）中，韩非子后来将此发展为

---

[1]《荀子·正名》："名有固善，径易而不拂，谓之善名。""径易不拂"与"约定俗成"和"稽实定数"并列，同属于荀子的"制名之枢要"，也即正名所需遵循的三个大原则。

"见微以知萌"(《韩非子·说林上》)。"几"介乎任何存在者的萌与未萌之初,用荀子的话说就是危与微之间。危是已经现出形迹的危机,物与我、物与物之间的对立"其荣满侧"地出现在主体身边。而微呢,在主体性不断地重新建立中,物我的形迹即生随灭,却不曾有一毫胶着于主体的理性认知之中;因为主体性本身也不曾固执,只是随着本源的情感知觉而不断地绽出、开显,指向将要到来的自我充实。这就是"荣矣而未知"(《荀子·解蔽》),有了主体性的意愿欲求,却还不曾着有形迹。在诗情的觉知即将绽现为主体的理性认知的瞬间,也就是介于似有还无之间,体现为荣而未知的微妙感受,这是主体性绽出的时间感,也是时间性的体现。荀子将这个时间性表述为"危微之几"。而一旦从这样的"危"与"微"交界的时间性枢机中确立起绝对的主体性,继而建立起充实的主体与客体相对的世界,主体也就该再次回归并消弭于诗情的本源,而不应继续沉沦在已建成的器物世界里。俗话说,每一刻都是一个新的自我,讲的就是主体性不断绽出又不断消弭的往复不绝的经过。在这个周而复始的过程里,"知几"是主体性世界之初——"微"的意象化描述,代表着主体理性的建立,从而也是正价值的依据;而反之,一旦主体固执于已建立的正价值,就容易陷入"危"的境地。那么,"知几"如何可能,就在于对"危微之几"这个主体时间性的把握上。这个时间性是诗情觉知中所固有的,而它又是所有事物的价值性的根源,也就是儒家惯常所称的善端。那么可以说诗情的知觉中是固有着善端的,

"知几"就是对此善端的发现和扩充。

也可以说,"几"作为价值萌生的端倪,只有在主体性最初诞生的时机才能得到把握,这也是本源之知绽显为主体理性之知的时机。当主体性的世界从这个根本上确立了起来,末端的知识、才智等形而下的存在者才能根据形而上的主体理性而被充实起来。从始端的知几、见微,到终端的明礼、达义,"知"的体系遵循着由本及末的顺序建立起来。对于这个建构的次第,《乾卦·文言传》里有这样的描述:"知至至之,可与言几也;知终终之,可与存义也。"

从"知几"开始,首先建立的是主体—客体的相互对待,用荀子的话说:"凡以知,人之性也;可以知,物之理也。"(《荀子·解蔽》)前一句和"所以知之在人者谓之知"(《荀子·正名》)有意思上的一致,也就是从本源中建立起主体的理性,这是主体性的形而上学或称为形而上的建构,后一句则是客体性的形而上学建构,这二者共同构成了主—客对立的基本架构。不可忽视的是,这里的主体所面对的世界是有着时间性的。这个时间性的枢机也就是过去和将来的交点,即如"神以知来,知以藏往"(《系辞上传》)所描述的那样,过往与未来交汇在主体的神知中。而这个时间性之所以能够成立,在于"几"所蕴涵的推进感。这种推进感是在客体——物的萌发中彰显出来的。物处于主体的对面,它作为主体观察的对象,其从"微"到"危"的萌发状态就是时间感的由来。当成为"危"的对象作为过往,呈现在主体的记忆中时，此时的主体已不再是彼时的主体了；对象的"荣"并不处在当时主体的认知中，而只能存在于未来主体的回忆里。

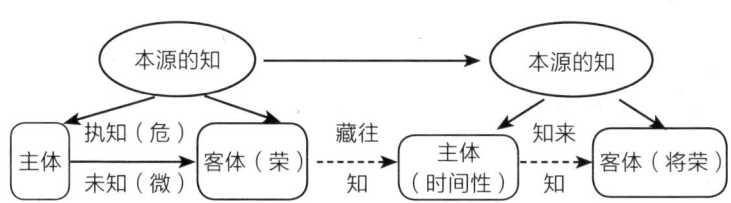

那么，"知几"中包含着时间性的意蕴，预示着世界的迎面到来。与此相伴的是主体性的确立，本源的知由此下贯在主体的理性里面。根据这个理性，主体将其对面的客观世界认作实有之物；而在认识的同时，这个正在认知的主体又绽出新的主体，而所认知到的对象世界也成为过往，藏在新兴主体的记忆里。"知"的这种时间性构造着主体性世界的历史，推动着它的变化。

> 是故变化云为，吉事有祥。象事知器，占事知来。（《系辞下传》）
>
> 诚心守仁则形，形则神，神则能化矣。诚心行义则理，理则明，明则能变矣。变化代兴，谓之天德。（《不苟》）
>
> 子曰："赐也，始可与言《诗》已矣！告诸往而知来者。"（《学而》）

从《易传》中可见,知道过去并不难,难的是知道将来。一个人一旦能够"知来者",就可以和他论诗了。这揭示了知的时间性正蕴涵在"兴于《诗》"[1]的本源意义中:在诗所表达的本真情感中,兴起或绽现出了主—客对待的世界;而诗句则在不断的重建主体性中,不停地给出和诠解着鲜活跳脱的世界。诗的时间性也是礼的价值性的所在,"兴于诗"之后必然是"立于礼",如果违逆了诗所兴起的主体的时间性,那么就不可能建立起主体性的价值世界。因此也可以说,诗性的价值性,就是儒家所谓"知"的本源涵义所在。

三、先秦道家论"智"的虚无

如果说儒家对于"知"的解读是从无到有依次下贯的过程,那么道家语境下所谈论的"知",则是一个反过来的过程,也即着眼于有什么,再从这里推回到无论物我、什么都没有的"无"。这意味着道家的思维有着两分的困惑:一方面是对"无"的追崇,其间荡漾着诗化的情怀;另一方面是对各种"有"的怀疑与抵触,以致将有物存在的状态放在了"无"的对立面上。对于"知"而言,当它作为主体的一种知觉,并且当这种知觉被当作一个对象来进行打量的时候,无论"有知"还是"无知",在道家那里都做了对象化的审视以及知识化的处理,并加以价值的褒贬,以为二者划出界线。从

---

[1]《论语·泰伯》:"兴于《诗》,立于礼,成于乐。"

中其实也可以看出道家自身的价值取向，并且，这个取向和儒家以时间性为根本特征的价值建构途径是恰恰相反的。

这样一种歧出是颇为有趣的。那么为何道家会对儒家有这种价值上的歧出呢？根据钱穆《庄老通辨》中的考证，《庄子》成书很可能早于通行本《老子》。而《老子》由于文献驳杂，先后有通行本、马王堆帛书和郭店楚简的出土文献等版本，内容相互错杂，分歧甚多，致使其思想轨迹较难清理，那么不妨先从庄子的文本出发。庄子的思想中有两种"知"相互对立，即小知和大知。如："小知不及大知，小年不及大年。"（《逍遥游》）"大知闲闲，小知间间。"（《齐物论》）他所谓的小知，也就是终日与物为构，陷于是非荣辱，直至危亡殆尽，而不知所归。可见对于小知，庄子充满了绝望和抵触。在他看来，小知终归不免于悖谬和消亡，因为时空中有形的存在物，都有先后、高低等对立的分别，而所有分别从大知的眼光中看，都可以消泯于无。无统摄了全部的有，并将其等量齐观。在庄子看来，儒家推崇的具有时间性、建构性的价值，只是"小知间间"，是在其"与接为构"的主客建构途中的小欢喜而已。其所拥抱的价值既然以简易的愉悦获得其正面性，从而排斥了凶险、困阻的负面性。那么为何无视自己终将覆灭的命运呢？从最后的结果看，任何价值无论开始多么简易，最终难免落于险阻，正反两面终归齐同。那么所谓正面的价值，是与其反面有所对待而成立的，在其雀跃于有的时候，却看不到自己回到无的结局。那么这种价值就不足以为所建构的世界提供恒定的指导。究竟什么价值能保持恒定,即使是"神禹且不能知",那么又何必遵奉这种短浅的价值呢?

由于有限的价值不足以征,庄子认为只有回到大知,将有形的一切等同而观,才会发现:"物无非彼,物无非是。自彼则不见,自知则知之。"(《齐物论》)这里的知,是"知通为一"的大知。在大知中,被人们视为对象物的所有价值和知识,都消失了相互之间的界限而融为一体,即使是先后、因果等范畴也不复存在。形上—形下的架构中的世界被消解了,复归于无形迹、无时空的本源存在。在这样的存在体验中,无悲无喜,无我无物,形如槁木,心如死灰,也就是庄子所说的"真人""真知"。"且有真人而后有真知。"(《大宗师》)

真知其实是真人之知。《大宗师》讲:"庸讵知吾所谓天之非人乎,所谓人之非天乎?"王先谦注释道:"成云知能运用无非自然,是知天之与人理归无二故。故谓天即人,谓人即天,所谓吾者,庄生自称。此则泯合天人,混同物我也。"[1] 所谓真人,也就是与天合一、无主体的主体;而真知也就是知通天道,不为世间的生死危难所介怀。真人并非没有喜怒,但不把情绪作为对象,划分界限、进行褒贬。因为任何分界都有待于立一个前设,而这个前设还没有定下来,又如何进行分界呢?[2] 在庄子看来,最初的前设可以说是"万物与我为一",这句话本来是先于语

---

[1] 王先谦(注):《庄子集解》,《诸子集成》卷三,上海:上海书店出版社1986年版,第37页。

[2] 《庄子·大宗师》:"夫知有所待而后当,其所待者特未定也。"

言的存在体验；而在反思中，反思的主体把这体验当作了"一"，再用语言对其命名，名言与其代表的"一"构成了"二"，二再与反思到的"一"合起来就成了"三"。从无到有已经产生了三个存在物，何况继此以往，发展为论议、辩说，这将是多么庞大而令人困惑的系统？[1] 因此，庄子不主张是非封界的复杂化，提倡回归"未始有封"的混沌之源。"大道不称，大辩不言"，道被描绘为没有言谈、没有物我对待的本源情境。现实中只需保留最原始的世界结构框架，并尽量精简描述它的语言，"六合之外圣人存而不论，六合之内圣人论而不议"（《齐物论》），以保存人与道最为原初真切的亲近和乐。这样的亲和使得真人与自然冥合为一个整体，并随着天地万物而周流运化，无往而不适；那么，真知也就是无知、无言、无为，亦即没有主体也没有客体存在的诗情体验。

由此可见，与儒家富有时间性的、积极进取的存在观相比，庄子的道更注重溯本归源的审美意趣，但并不意味着他与儒家截然相反。他主张的"目无所见，耳无所闻，心无所知"（《在宥》），貌似静止枯寂的状态，然而其中依然闪现着"喜怒通四时，与物有宜而莫知其极"（《大宗师》）的时间性意识。其中，"有宜"暗示着隐而不发的价值意象，而这种意象正是在与时谐变、应物而动的周流不息中体现的。也就是说，庄子的真知本源，依然有着灵动的气质，这与儒

[1] /《庄子·齐物论》："而万物与我为一。既已为一矣，且得有言乎？既已谓之一矣，且得无言乎？一与言为二，二与一为三，自此以往，巧历不能得，而况其凡乎？故自无适有以至于三，而况自有适有乎？"

家的时间性并无二致;只不过,庄子不使物我有待的世界发于形迹,不让价值的意象显为实在的好恶。因而一旦赋予形迹,一切有形的存在者就离开了齐同为一的本源,而陷入无尽的争执,而这种争执正是儒家所要规避的反价值——险阻。当正面价值随着欢乐而显现,反面价值也就相伴而来,那么又何必做出正反的划界呢?因此《大宗师》说:"故乐通物,非圣人也。"

但是反过来想,从正价值到反价值的衍变发生在时空架构建成之后,因此是需要时间的,只要在时间限度内重建价值,就可以解决这个问题。这个时限是个历史问题,而历史问题都可以由时间性来回答,因而对时限的衡量是蕴涵在世界的时间性之中的,建构之初就已经筹划好了时间的运转长度,使一切存在者不至于流入险阻,依然符合易简的原则。归根结底,庄子对儒家悖谬的质疑,可以用儒家内在的时间性予以回答,那么这种质疑就是不成立的。

换言之,庄子并非不持任何价值观,他的褒贬反而非常明显,即同儒家一样倡导简易,反对险阻。然而缺失了儒家的时间性维度,不能历史地处理问题,致使他的学说不能进入语言上的建构,只能限于本源体验的美学式描述。而这种表述本身就是他所持价值的表现,因而可以说是一种价值物,也是他所反对的有形存在者。那么,庄子一面否弃着知识与价值,一面用自己的语言构造着价值,这导致他对价值的批判不彻底。或者说,他所能彻底批判的只有知识,也就是用价值否定知识。其实,庄子在做的只是一件事，在他发现自己的价值在逻辑上（这种逻辑也就是他的静止的、无时间性的逻辑）成为不可能时，果断选择了价值虚无，并用这种静止的虚无扼杀了思想中的时间性萌芽，同时泯灭了一切知识、价值体系的建构。

儒家的本源之知所蕴涵的时间性，其绽出的样态中本就既包括语言上、方法上的建立，也包含知识和价值等实在物的构造。而庄子在抑制了知识的同时，也认同了价值的虚无。这导致他的思想沦入了方法上的彻底虚无，并对后世产生极大的影响。

如果庄子的虚无仅限于方法论，老子则推到了本体的虚无。老子说，道好像是万物之所宗，似乎有又仿佛无；是神还是帝，不知道到底像谁，好像先于天帝而存在。《道德经》第四章："道冲，而用之或不盈。渊兮，似万物之宗……湛兮，似或存。吾不知谁之子，象帝之先。"道作为世间事物的本体，却不能为人所知，也不可付诸语言。[1] 郭店楚简《老子》甲编上的第一句就是："绝智弃辩，民利百倍。"一切有形的知识或语言都应该弃绝，唯余充满了神秘的气质的道本身，与人相隔却又能为人体会。那么道的体验就是"无知"，比如通行本的"明白四达，能无知乎？"（《道德经》第十章）"无知"还表现为"知止""知足"："知足之为足，此恒足矣。""夫亦将知，知足以静，万物将自定。""夫亦将知之（止），知之（止）所以不殆。"（郭店楚简《老子》甲编上，第三、第七、第十章）无知之知意味着

---

[1] 通行本首章以此为开始："道可道，非常道；名可名，非常名。"（《道德经》第一章）

无言:"知之者弗言,言之者弗知。"(郭店楚简《老子》甲编上,第十五章)与此相伴的是"道恒无为"。无知、无言与无为,都指示着最终的本体——无,即"有之以为利,无之以为用"(《道德经》第十一章),创生出"有"并赋予"有"以意义的,就是"无"这个本体。那么只有效法和回归于无,才能在有的现实中游刃有余。

如果仅仅从有生于无的本体论上说,对无的强调并没有什么不妥,也与儒家思想无妨。然而老子进一步将其推广到政治领域的统治方法里面去了,通过对无言、无欲、无为的号召,把"无"的本体塑造为对言论的抑制,从而达到使政治简易化的目的。儒家的易简之知,从本源的意义上,是为了开创有历史性的道统脉络,"无"是为了"有",而恰在从无入有之间的时间性里,主体性跃然绽出,担负起传承历史的责任。主体性无往而不在诗情流转中绽出,然而又正是在此往复不绝的开显中持守着自己。这是变动中的不变,或者说是"不易"中的变易,道统接续的意义也就在这里。相比之下,老子则将"动而俞出"的"无"固化、停滞下来了,反而把创生看作是"多闻数穷";与其不断推进和创生,倒不如回归"有"的世界的时空起点,将既有的世界凝固、抑制在静止不变的历史断面里。(郭店楚简《老子》乙编上,第五章)这时,道家所重视的"无"的本体,也就失去了时间性的特质,退回为对一种"无知""反智"的僵化认识。

因此,在老子的观念中,圣人效法天地而退回"无知",百姓效法圣人也回到不生智慧的停滞状态。百姓的"无知无欲",有赖于圣人的"弱其志,强其骨","以百姓为刍狗"(《道德经》第五章)。圣人唯有体会到天地尚"无"(也即退化)的本体,才能不重仁德、不尚贤能,让一切化归于彻底的"虚无"。在道家看来,只有当贵无的倾向体现在民众的无智和无欲中,才能让百姓获利,乐享太平。这种思路在后世的诠解下,进一步发展成为"愚民"的统治术:

> 为道者非以明民也,将以愚之也。民之难治也,以其知也。故以知知(治)邦,邦之贼也;以不知知(治)邦,邦之德也。(《道德经》第六十五章,据马王堆汉墓帛书《老子》甲、乙本合校。)

圣人实行统治,其途径是阻碍人们智慧的生长,或者说,"无智"也就是等同于"知",最能为君上所用。这在《黄帝四经》中体现为"贵知",[1] 也就是重视吸纳人才;而人才的特征是"愚",即"俗人昭昭,我独昏昏",从而得以彰显自己。[2] 这种"愚知"一旦为君主所用,就成为继续愚民的工具,以达到使"圣人抱一为天下式"的

---

[1] 《黄帝四经·经法》:"王天下者,轻县国而重士,故国重而身安;贱财而贵有知(智),故功得而财生;贱身而贵有道,故身贵而令行。"

[2] "不自见,故明;不自是,故彰;不自伐,故有功;不自矜,故长。"(《道德经》二十二章。)

目的。[1]圣人就是唯一的至德，体现着天地之德，百姓唯一的选择就是泯灭自己的意志，信仰这种无智之知，并接受它的安排。黄老的无知或反智，当与法家结合以后，则进一步加固了这种无知的统治性的形而上学。（详下）

如此一来，圣人的思想具有了本体的意味，或者说，以圣人本身取代了本体的地位。原本的"圣人无常心，以百姓心为心"（《道德经》第四十九章），通过这样的愚民教化，完整地演化成了"百姓以圣人心为心"。圣人的主体性是恒定不变的，而百姓以此为根本的依据与原理，从而确立起自己的认识与行为方向。那么圣人的主体又根据何来确立呢？富有诗情的本源已经被截断隐藏了，只留下了圣人一己的主体性意志；这个时候，"知"也衍变成了一种无情的统治法术。经过庄子的方法性反智，再到黄老的从本体论上更根本的反智，这显然已与儒家的易简原理有了截然的不同；而到了道家与法家深入合流的时候，这种反智的做法更容易被固化为一种治理法术，而离诗情的本源渐行渐远。

四、先秦墨家论智

与儒道两家相比，墨家关于知的见解，更具有系统的知识性。在知识论的建立上，《墨子》对"知"做了两种界定："知，材也。""知材，知也者。所以知也，而必知。若明。""知，接

---

[1] 圣人以"一"治天下，还可见："昔之得一者：天得一以清，地得一以宁，神得一以灵，谷得一以生，侯王得一以为天下正。"（《道德经》第三十九章）

也。""知也者,以其知过物而能貌之,若见。"第一句是说,知是材性、能力,是人固有的所以然,也就是必然的。这就好像光明之于黑暗,这二者的对立是必然的,这取决于人有认知能力,那么作为人的材性,知也具备了必然性。换言之,知是伴随着主体本然显现出来的材性,不必加以论证。继而,第二句讲到知的主客结构,知是与物交接的感应知觉,比如看见物体。综合两句,主体和客体在认知中相互构建,知也从而成为主体的能力。

《墨子》继续讨论:"智,明也。""智,智也者,以其知论物,而其知之也著,若明。"同样举"明"的概念为例,将这个概念推到对事物的认知当中,就是以既有的概念来指认对象,因而智的意思是认识的明了。从莫名而然的知,到明白无误的智,其实是形而上学的建构过程。由知到智,这里面涉及时间的问题。知源自本源,具有了时间性;而智已经包含了时间结构在内,也即通过已知的概念去指称认识的对象。这就是"知而不以五路,说在久"(《经下》)。参照经说的解释,智本来是指对某事物的认识,而这个过程是在时间中的。如果没有时间维度,就仅限于用五官感觉,而那不是认知。比如眼睛看见东西是依赖光明,这相当于是用光来看东西,而光本身是看不见物的。[1] 五官感受没有时间性,而只能填充到有时间结构的智的认识框架里去。智已经具备了过去和将来的时间轴,在一次认识中概念与对象各自定位,即用已有的概念去覆盖新的认识对象。而智里

[1] 《墨子·经说下》:"智以目见,而目以火见,而火不见。惟以五路智久不当。以目见,若以火见。"

面包含的时间结构,是由知本来的时间性决定的,故知之说在于"久",即对时间性的定义。

可见,由知到智遵循着本源—本体的建构模式,用在政治谋略中就是:"谋而不得,则以往知来,以见知隐。"(《非攻中》)从而可以开出更多形而下的结构,比如怎样知人应物、参知政事等等,在此不做进一步的说明。还是回到形而上学的语句,可以发现墨子近于精致的细分:

知,闻、说、亲。名、实、合、为。(《经上》)
知,传受之,闻也。方不障,说也。身观焉,亲也。所以谓,名也。所谓,实也。名实耦,合也。志行,为也。(《经说上》)

闻是指从别人那里听到,说是经由阅读文本获知,亲是通过亲身经历,也即接物而知。这三点是从来源上谈认知,讲的是认知发生的情境,具有本源的意义;此后的三点涉及了概念和对象的关系,概念是名,对象是实,二者耦合也就是使概念与对象相吻合。由此可见,前三点属于本源的知,后三点则是时间中的实际认识——智。在完成了由知到智的建构之后,墨子又继续将其推进到了行为。知—智—行的结构,与后来荀子的"所以知之在人者谓之知。知有所合谓之智。智所以能之在人者谓之能"(《正名》)很相似。行相对于知是形而下的,需要在智的指导下,付诸明确的实践,政治实践即如此例。从知到行是单向的,且知和行有不等的地位,这是先秦知行观的特点。

至于概念和对象的符合,墨子用"取""去"和"存"来描述。

> 知其所以不知,说在以名取。(《经下》)
> 杂所智与所不智而问之,则必曰:"是所智也,是所不智也。"取、去俱能之,是两智之。(《经说下》)
> 于一,有知焉,有不知焉,说在存。(《经下》)
> 于石一也,坚白二也,而在石。故有智焉,有不智焉,可。(《经说下》)

"以名取",就是用概念去涵盖事物,这是区分知与不知的关键。很多人知道名,却不知实,就在于不能用名"取"物。取的对面是去,去意味着概念于事物的独立,可以离开事物而存在。只有既能使名实相符,又能区分名实,也就是有所智、有所不智,这样才能"两智",真正地掌握认知的道理。名实的相分又涉及了"存",也就是概念的独立存在。当概念合于物则为智,离开物则为不智,这都不妨碍概念的独存。这里和公孙龙的离坚白就有相通之处了,坚、白作为两个概念,可以离开具体的物而存在,而当它们与现实中的物结合起来,就构成了一次认识(智),也就是名实相合。名与物的分合,本身也是认识过程的形上表述,名实的疏隔(分),与名实的融合(合),都随着本源之知的时间性敞开而显出。比如，看到一枝红花，心中出现的概念"红"与真实见到的花红相合，同时也意味着前面的红与后面的红有不同的意义，相合的智同时也给定了相分的不智。也就是说，智与不智这对形而上学范畴，同时在本源的知当中被给出。

仅从名物相合的角度看，当知完成了形上建构，给出了智之后，继而是智对于行的指导。知—智—行的架构还可有另一种更现实的表述，也就是著名的"三表法"：

子墨子言曰："必立仪，言而毋仪，譬犹运钧之上而立朝夕者也，是非利害之辨，不可得而明知也。故言必有三表。"何谓三表？子墨子言曰："有本之者，有原之者，有用之者。于何本之？上本之于古者圣王之事。于何原之？下原察百姓耳目之实。于何用之？发以为刑政，观其中国家百姓人民之利。"（《非命上》）

三表可以概括为本、原、用，通过这三表，才能对世间的是非、利害关系做出明辨。这里的"明知"是从对物的认知推广到了对事的明晓，可见无论是事实认识还是价值判断，都建立在同样的形而上学基础上。其中的本，是时间上的过往源泉，原是指人际相处中的耳目见闻，用则涉及行的方面，发用为政策法律，以观后效。可见，"原"接近于知本身的本源构成；"本"是指时间中的往来结构，涉及了实际的智；"用"则类似于行，指在智的指导下的行为。三表其实是墨子有关"知"的建构在实际中的体现，由此也可看出墨家不单注重知识系统的建立，而且有强烈的实用意识，将知识体系推到伦常日用中去。由此也可见，知识论在墨子这里已经趋于完备了。

五、先秦名家论智

墨家创立的知识论，到了名家始成体系。而名家大概可以分为两类。第一是早期的邓析、惠施，他们的文献散失不足征，但能约略看出与庄老的契合。比如邓析的"无知""无能"很接近道家：

> 夫达道者，无知之道也，无能之道也。是知大道，不知而中，不能而成，无有而足。守虚责实而万事毕。（《邓析子·无厚》）

邓析所说的道，以无知、无能为体，虚无为实有的根本，万事都要遵循无的本体。而在这个本体之上，他并没有像道家那样摒弃知解名言，而是发现了相互限定和给出的对立范畴，开辟出了"两可"之说。比如忠与不忠、义与不义，这些都是同时出现、彼此界定的。根据这个原理，可以为万物正名，通晓其中的事理。

因而，邓析之所以被称为名家，在于他虽以道家无知为体，却开出了有知、有名的用。《转辞》篇有这样的描述:"视昭昭,知冥冥,推未运,睹未然。"无知并非让人回归昏昏然的混沌不分,而是要眼界昭明、知无入有,在冥冥中体察未萌之兆。可见,这里的知已经具备了时间性,也是本源意义上的知。并且,从本源中建立相反的一对范畴,这和墨家的智与不智遥相呼应,知的形而上学由此建立。

如果邓析意在向有知的确定性上进展,那么惠施则用有的变幻诡谲与这一趋势暗自抵牾。惠施的"历物十事"似乎在把一切有限的对立范畴,划归于无的浑然一体中去。首先,他设定了"大一""小一"两个极限的对立者,这可以作为形而上的初始设计。继而,他就开始用"无厚"来描写小一,而用千里的绵延来形容大一,而二者可以在想象中合并起来。这意在说明一切有限对立者,都能在无的本体上找到消融差异的根据。无论是时间的先后、空间的方位,其中的同异都可以冥合于虚无,那么既可以说万物皆同,也可以说全异。

从邓析、惠施二人来看,他们的思想都源出道家,而走向了不同的方向。一个重在有的生发,一个注意体无溯源。而他们的共同点是,都从认知本身出发,着手于言辞,故从知识论上开出两个不同的向度,因而都被视为名家的开山之人。其中,惠施更靠近庄子。庄子从价值出发否定了价值,而惠施则从知识本身来证明知识的悖谬,他们都从"有"自身进行归谬,因而可以合称为"方法论的证无"者。与此相反,邓析力图从方法论上确立起知识论，故可归为"方法论的证有"者。二者同源自道家，而从方法上开辟出名家的知论，使其堪比儒墨两家。

在邓析的基础上，公孙龙进一步完善了知的形而上学体系。与墨家的知与不知相近，公孙龙也讲到了这种区别，甚至在表达上都十分相似：

> 于石，一也；坚白，二也，而在于石。故有知焉，有不知焉；有见焉，有不见焉。故知与不知相与离，见与不见相与藏。藏故，孰谓之不离？（《坚白论》）

这和《墨子·经下》中的相关论述几乎一样，只不过补充了见与不见，其实意义是相同的。知与不知分别是指，可以认知到的坚硬和脱离了认知而独存的坚硬的概念，相当于墨子的智与不智。坚硬的名与实相合即为知，相离则为不知。进而，公孙龙同样考察了知名和知实的区别：

> 子知难白马之非马，不知所以难之说，以此，犹知好士之名，而不知察士之类。（《迹府》）

把"白马"说当作一个名来认识，却不知它难在哪里，正像知道"好士"这个名，却不知其实。这都属于知名而不知实的毛病。可以发现，墨子也有类似的表述："知其所以不知，说在以名取。"(《经下》)只有能够用名取实,同时也可以分离名实,这才通达了知的两面,也叫两智(即智、不智)。

而名实的相合,恰恰在于名实在"神"的相离。《坚白论》说:"火与目不见而神见;神不见而见离。"光明和眼睛本身看不见,只有心神能看见。而心神看见的不是与石头相结合的白色,而是离开石头存在的白本身。他继续举例,就像手和棍子可以感觉到那与石头结合起来的坚硬,却无从知晓离开石头独存的坚硬。最后,公孙龙总结道,"离"才是独立而能正天下之物的法则。心神之知的形上建构,与墨子的智基本相同;不同的是,公孙龙特重概念本身的独立。也就是说,与两智兼重的墨子相比,公孙龙更强调不智(离),是不智给出了智,或者说不智先于智。

从神知的不智到实知的智,是一个"指物"的过程,也就是以名指物。当名独立存在,不与物发生指的作用时,名的状态是离或藏起来的;而一旦与物结合,就成为"物指"而不再是原来自行隐藏的概念。为何这样说呢?与独立的概念——名相应的是实,实只是一种完美的共相,并非实际存在的物。而当名指向了物,名的内涵就被替换为某个具体的物了,这种涵义的变化意味着名本身的改变。

然而人们容易弄不清楚这个变化,因此,公孙龙举了"白马非马"这个例子。从概念上的神知说起,白、马作为两个独立概念,经过了通变,而合为一个新的概念。而这个新名不再是白,也不再是马,这就叫作"二无一"(《通变论》)。公孙龙和墨子同样说到了一、二的问题,甚至也有相一致的语句,如"一二不相盈"(《墨子·经说下》《公孙龙子·坚白论》)。也就是说,当两个概念合并后成为"二",其中不复包含未合并前的"一",也不被其所包含。因为在"二"中,原先的概念都经过了与物相接的认知过程,从而相互限定在一物上,都改变了原来的涵义。

说到底,公孙龙的思想非常清晰,就是对认知过程做了一种形而上学的阐述。在继承了墨子的知论基础上,其特点是以概念的"离"来正名、位物,把概念摆在了逻辑优先地位,故而较墨子更为深入。公孙龙更开启了正名思想的先河,为荀子的"正名"奠定了形而上学的基础,也有助于它在伦理上的应用。

六、先秦法家论智

法家与道家有着很深的渊源,韩非子以援道入法闻名,《管子》一书虽被列为法家著作,但也有说法将其归入战国中的黄老学派,与此类似的还有慎到。因而谈论法家不可不涉及道家,而道法的分界在于现实层面的理论开辟,以法术势为表征。法家注重现世、提倡智谋,有着激进的入世态度,那么从法家的知论上看,同样具有开拓进取的色彩。而如何融通有知与无知,则是其首要问题。

韩非把道视为创生的本体,也是人获知万物的开始。

> 道者，万物之始，是非之纪也。是以明君守始以知万物之源，治纪以知善败之端。故虚静以待，令名自命也，令事自定也。虚则知实之情，静则知动者正。
>
> （《主道》）

人能知是非，在于致守道的虚静。作为君主，要使众臣各得其知，就需要自己不用智。隐藏了自己的知识与能力，而因循着人情事理的态势，自然会得到人们的顺应，从而设立符契，作为赏罚的根据。而赏罚反过来又能成为治理民众的凭借，人们通过它而规约自己的言行，因而名得以自立，事得以自定。伦理法则以名言为形式，而名言本来源自无知，一旦订立就应凌驾于智巧之上，成为不可逾越的准则。

韩非把道家的"有生于无"运用到了君臣相处中，成为一种治术的形而上学。他的无知是统治上的本体，也即老子的"圣人无常心，以百姓心为心"（《道德经》第四十九章）。这里的物是指去除自己的思虑、喜怒，体会群臣的思想动向，根据时宜把握权柄，因势立名，建立制度并予以实施。无论是无知的"体"，还是有知的"用"，都以实际的君臣关系为前设，并以君王的统御目的为旨归，其实已经失去了形而上学的意义，只是形而下的智巧艺术而已。韩非把这种"无智之智"摆到本体的位置上，只是为了巩固君王的治理秩序，以君王的这种大智巧来驾驭或压制其他的小智巧而已。

换言之，韩非的无智就是"因势"，而势是指不得不为之的利害权衡。比如，国君不要相信众人会爱他，而是让众人不得不爱他。如何能够让每个人通过权衡，都会选择国君所希望的那个选项，这就要通达于人们的心思，掌握其作选择的权柄。明令赏罚，厚赏举报，就是一项重要的权柄；把握了它，举国上下无不为君主的耳目。可见，君主的因势，其实是掌控一国之势，使国人不得不因。而君主的无智，也不过是为国人做一表率，为这个"势"做一本体性的诠释，使人们以为因势所趋就是天命所降，连君主也不例外。把统治上的术势当作本体来宣称，标志着道家的本体论形上学下贯为统治的形上学，也注定了它的庸俗化。

这种形而上学庸俗化的标志就是反智的主张。例如《饰邪》中讲："夫舍常法而从私意，则臣下饰于智能，臣下饰于智能则法禁不立矣。是妄意之道行，治国之道废也。"私智的兴盛则意味着法律的无力，而只有把规矩赏罚确立起来，以匡正人们的思想，不任其自由流行，才能确保社会的良好秩序。在反对私智之上，韩非又继而取缔私德、私心、私义、私恩，去私立公，使一切恩德都从君主而出，不让臣下有施恩聚财的余地。从形而上学的教条化即可看出，作为修身之本的哲学、宗教气息已淡出了，人们除了口腹感官、喜怒爱恶之外再无心性境界上的追求；反之，外在的纲常制度则激励着人们用功利心的满足填充自己，这就是"礼以貌情"。当人们都相信这礼法是为了自己的切身需要定制的"身之礼"（《解老》），就会奉之若神明。这很类似老子的"虚其心、实其腹"(《道德经》第三章),可以说这是道法合流的纽结点,"反智"这种政治方略也由此而形成。随着君主意志因利成势,百姓的思想被合理地束缚在法律之下,社会结构也相应发生了改变。由于私领域逐步被公领域侵蚀,外在的表现是家庭逐渐缩小,国家则随着复杂的制度设施而扩大了。

那么如何让人相信礼法是为了每个人的身体性情而设呢?《解老》进一步提供了"虚静"的形上根据:"费神多,则盲聋悖狂之祸至,是以啬之。啬之者,爱其精神,啬其智识也。"人之本是要养神而不费思,唯有虚静自处、颐养性情才符合天道。这看起来有点像儒家的易简主张,其实是将那种活泼灵动的形上意蕴抽去,只留下慵懒怠惰的服从顺应而已。遵从君上的法律规章当然很省心,同时也让君主倍觉轻松,但这很明显是"简易"这个形而上学结构的彻底庸俗化。

反智意味着道家的愚民思想在法家的制度化层面上的落实。它丧失了形而上学的精致建构,沦为统治者的控制工具;但同时也不可否认,这种教条的形上学,为制度上的形而下学开辟了道路,也为公私领域的划分提供了依据,闪烁着富有现代性的政治哲学光芒。

而"因势"思想的提出,还要回到战国前期的稷下学者慎到那里。或者说,道法的最初结合也由慎到而始。因此,慎到既可以视为法家人物,通常也被归入黄老道家。韩非把道的本体意味置于人事处理中,构造出了一种统御之术的形上学,也可以从慎到那里寻找发端。

就慎到而言，治世在于重法，而立法需要因势。势的一个意思是指天地万物的自然性向，比如他说以离朱的好眼力，也看不见水的深浅，"非目不明也，其势难睹也"（《佚文》）。把自然之势推到人的情性上，势就具有了生命的自我保全倾向。依据这个倾向，圣人即使不为百姓的安危着急，百姓也会安排好上下的关系，以保证自己的安全。[1] 圣人只要因循人情物理的自然趋势，就可以轻松地治理天下。

至于如何因势，需要遍观万物，了解其各自的势向，然后通过权衡加以辅助，使其得到相应的发展。辅助的力量是重要的，否则即使像西施、毛嫱这样的美女，不加以衣饰的辅助也会为人忽视或厌恶。然而自然的势向是每个人都要求辅助，那么如何衡量这种人为力量的轻重大小，就成了重要的问题。这时，圣人如何还能保持无事而治呢？

慎到指出，要想圣人省心，实施无为而治的途径就是臣下的"不智"："使得美者，不知所以德；使得恶者，不知所以怨。此所以塞愿望也。"（《威德》）人人都没有智虑或志愿，行为只依据法律，并认为这就是势之所趋，这样法术就易于推行。在官职律法的设置上，使各司其职，不兼职事，因而不尚贤、不慕智，群臣劳而不智、昏昏碌碌，德智才能唯一归于圣人。而这种德智是公德、公智，立公德、排私智，赏功罚罪秉法而行，才能使人口无怨言、心无二向。使人相信依法就是顺势，摒

---

[1] 《慎子·威德》："圣人虽不忧人之危，百姓准上而比于下，其必取己安焉，则圣人无事也。"

除其他的一切思虑智慧，人们才能安乐平顺地生活；正像鸟在天上飞，鱼在水里游，如果让它们知道了自己能飞能游，反而会掉下来和淹死。人也同样，有了智虑就会疲倦，不如顺应自然的机势，才能保全生命。[1]

把百姓视为动物一样的无智，并以为增加了思虑就会背离自然之势，这是把无智、因势摆在本体的位置上。而事实上这个本体论却建立在很形而下的考虑中，也就是：圣人未必在才智上超出一般人，所以圣人不亲自做，而让别人去做事，做好了坐享其成；而做事的人总会有疲惫而出错的时候，发现他们的错误，这时更显出圣人的德智。反过来，如果圣人亲力亲为，担当起罪责，臣的智慧就越过了君，这是悖逆的事情。[2] 由此可见，对君主来说，并不存在顺应自然、不思虑只劳作这一说，反而应该只思虑不劳作，占据德智的巅峰；否则就会颠覆君臣的关系，陷于悖谬。也就是说，真正的本体不是无智，也不是因势，而是君在上、臣在下的伦常关系，这是解释一切的根据。因此，无智的形而上学意

---

[1]《慎子·逸文》："鸟飞于空，鱼游于渊，非术也。故为鸟为鱼者，亦不自知其能飞能游。苟知之，立心以为之，则必堕必溺。犹人之足驰手捉，耳听目视，当其驰捉听视之际，应机自至，又不待思而施之也。苟须思之而后可施之，则疲矣。是以任自然者久，得其常者济。"

[2]《慎子·民杂》："君臣之道，臣事事而君无事，君逸乐而臣任劳。臣尽智力以善其事，而君无与焉，仰成而已。故事无不治，治之正道然也。人君自任，而务为善以先下，则是代下负任蒙劳也，臣反逸矣。故曰：君人者，好为善以先下，则下不敢与君争为善以先君矣，皆私其所知以自覆掩，有过，则臣反责君，逆乱之道也。"

义，在慎到这里就开始了教条化的转移。如果把慎到作为道法合流的开创者，那么这个转折点也就是无智之智从本体论的形而上学，转向统治论的形而上学的拐点，也是其庸俗化的开端。

第三章
"智"在秦汉的两个发展趋势

先秦有关"智"的思想已初具规模,同时也呈现出本源、本体与器用三个层级之间的紧张。首先,本源层面上的情感知觉在忧愉两情转换的诗性节律中,建立起抽象的易简之道,形成了"知"的形而上学。这被思孟学派熔铸为本体论的知识化阐说:一方面把价值的诗性言说逐渐知识化、体系化了;另一方面又把关于事实的知识和实用中的"智"术涵摄进了价值体系中,于是开始形成了天理—心性一贯的思想。而荀子与思孟分道扬镳,以"正名"论一径贯穿了三个层级,目标直指现实中的伦理政治建设。同时,这种连贯体用的努力,也有以"合王制"的"治道"、智术为标准裁切"政道"的倾向。[1]而当把现实的"智"混于体用之间,使人难以在形而上的层面对"智"的价值性予以区分,结果反而导致

---

[1] 中国的政道与治道的分别,是由牟宗三提出的,他认为中国自古有治道而无政道。治道有儒、道、法三家的来源,比如儒家的以"德与力"取治权,法家则以统治道术而取之。然而这都与一个定常而抽象的政道的确立距离还很远。政道是需要由"内圣开外王"来确立的。牟宗三:《政道与治道》,《牟宗三先生全集》10,台北:联经出版事业公司,2003年版。

在实际事用中的公私划分。如《吕氏春秋·贵公》所说:"智而用私,不若愚而用公。"公利与私利的区别,决定了"智"的价值,如果不出于公利的考虑,有智还不如愚笨无知。在这样的趋势下,本体论难免走向了功利化和教条化的法家理路。

以荀孟为代表的知—智互动的两个走向,为"智"的理论在两汉的发展奠定了基础。自荀学传世以来,公私领域的划分逐渐明晰。公私之分一方面是指上述的公利、私利;另一方面,"私"在利益诉求之外时而也涉及个人的心性修养,分化出与政治领域中的"公德"相对立的"私德"面相。《韩非子》《商君书》等法家文献即透露出排斥私德、以立公德的倾向。[1] 此时,如果把心性修养和对超越的形而上的体验归入私德领域,另外将伦理政治规范等为世之道、事功之学纳入公德领域,那么智—知在上述两个趋势之间的互动各自发展到极端,则分别可概括为以私害公和以公害私;而在这两端之间的左右踌躇,大致标出了汉代"智"范畴的主要趋势。

公私之分最早是由荀子提出的,例如:《修身》中的"以公义胜私欲";《不苟》的"分争于中,不以私害之,若是,则可谓公士矣","公生明,偏生暗";《儒效》的"志忍私,然后能公",等等。荀子认为,公的确立决定于君子自身:

---

1 /《韩非子·外储说左下》:"故曰:'外举不避雠,内举不避子。'赵武所荐四十六人于其君,及武死,各就宾位,其无私德若此也。"《商君书·错法》:"是以明君之使其民也,使必尽力以规其功,功立而富贵随之,无私德也,故教流成。如此,则臣忠君明,治著而兵强矣。"

> 故械数者，治之流也，非治之原也；君子者，治之原也。官人守数，君子养原；原清则流清，原浊则流浊。故上好礼义，尚贤使能，无贪利之心，则下亦将綦辞让，致忠信，而谨于臣子矣。如是则虽在小民，不待合符节，别契券而信，不待探筹投钩而公，不待衡石称县而平，不待斗斛敦槩而啧。(《君道》)

在帝国的政体下，法的正当性与公平性很大程度上取决于立法者的德与力，与德、力对应的分别是治道上的王与霸。代表王道的公德则系在君主的私德上。而对统治者来说，私德的目标则是为了公德的建立，因此天下国家的公共德性往往决定于君王一人的道德涵养。这样，百姓的公德就在君主的私德里，对君主来说公私领域是没有分开的，不过对百姓而言依然可以保留自己的私德领域。到了韩非子，这种公私不分的境况进一步加强，德只能出自君主，臣民不敢存有私德，唯有以服从上意为公德。至此，荀子在表述道德的本体论与实际的治理规则的关系中，也难免在当时的形势所迫下，使本来洁净空阔的本体论语言与君主的统治之道糅杂起来，致使个人精神境界等形而上的追求也逐渐被清出私德的领域，而与现实中的伦理政治法则融为一体，这其实是以公害私的一个典型的表现。而同时，当君主一己的私德与公德相贯，又已成为以私害公。公私不分而互妨的趋势，在秦汉之间的《吕氏春秋》，得到了一定的匡正，不过依然处在这个大势所趋之下，这个趋势其实在整个帝国时期也一直延续了下去。

一、《吕氏春秋》中的"无知"之"智"

作为杂家的主要著作，《吕氏春秋》的思想兼有儒墨道法各家的痕迹，尤其表现在其对公私领域的阐述上。与道家类似，吕氏也讲"无知"："万物皆被其泽、得其利，而莫知其所由始。""其于物也，有不知也；其于人也，有不见也。"(《孟春纪·贵公》)这是指在私领域的有所保留，不去过问、干涉人们的私人持守和信仰，对不可付诸言说的存而不论。而在公领域则注重"知道""知本"(《季春纪·尽数》)，慎防"不知轻重"(《孟春纪·本生》)，无论价值还是事实，都付诸条分缕析的知识体系。联系公私两个领域的，恰恰是知与不知的各自有所倾斜：

> 天下非一人之天下也，天下之天下也。阴阳之和，不长一类；甘露时雨，不私一物；万民之主，不阿一人。伯禽将行，请所以治鲁，周公曰："利而勿利也。"荆人有遗弓者，而不肯索，曰："荆人遗之，荆人得之，又何索焉？"孔子闻之曰："去其'荆'而可矣。"老聃闻之曰："去其'人'而可矣。"故老聃则至公矣。天地大矣，生而弗子，成而弗有，万物皆被其泽、得其利，而莫知其所由始，此三皇五帝之德也。(《孟春纪·贵公》)

其中对老聃"至公"的赞扬，依据的是他在对待得失的所以然上保持着"不知"。《仲夏纪·侈乐》里说："知其所以知之谓知道，不知其所以知之谓弃宝。""知道"有些类似荀子的话语，即建立这样一个公共的话语系统，只需要知道它使每个人都能获利就可以了，不必推敲如何对它进行解释。或者说，把解释空间敞开给天下的人们，保留为个人的私有语言，只要每个人能体会、理解就行，不必把解释的话整理成文；而付诸公共话语的仅仅是得到共同认可的"天下"构造，那么公领域（天下）的存在恰恰是为了保护天下人的私领域。个人体验的不可说，即可持留为个人的"我自然"，不必将其形塑为公共的知识。这是对三皇五帝的原初道德的保守，也是对价值与知识诞生时最初的差异的认同。"公"就形成于两个领域的划分中，只有充分尊重了属于个人私领域的敞开性，保留着情感、意志等宗教或哲学中形而上的体验的私人化，才有了明确而具体化的公共话语的存在；而同时，"公"也就融入了私人体验中，尤其是君主个人的体验。

吕氏对"不知"的这份保留，给出了"公私"概念的一个具有本体论意义的界定。这个阐释更真实地体现了荀子"正名"的本来面目，而没有他后来用实际的规范准则侵蚀本体或以公害私的弊端。在此前提下，他继续探讨现实层面上的公私之分。这里的公私的意义与前述有别，这里无论公还是私，其实都属于上文所述的公（公领域）；或者说，前述的公可以作为后面公私的统称，而这里的私也不再是个人的情感体验，只有私心、私利的意义,与公利相对。

换言之,在廓清了公领域的本体论基础之后,具体层面上的公私之分也就明朗起来了。由于公领域的划分建立在对私德的尊重上,而私德基础首先取决于主体性的确立,那么对每个人情感与意愿的尊重和不侵害就决定了公的实际意义,也就是不向私领域越界。同时,私的意义与公对立,也就设置了另一个界限,以防私心向公领域的越界,这里的私心就衍化出了贬义的色调。因此,吕氏特别强调现实中的去私立公:

> 天无私覆也,地无私载也,日月无私烛也,四时无私行也,行其德而万物得遂长焉。……子,人之所私也。忍所私以行大义,巨子可谓公矣。(《孟春纪·去私》)
>
> 行数,循其理,平其私。夫私视使目盲,私听使耳聋,私虑使心狂。三者皆私设精,则智无由公。(《季冬纪·序意》)

在包括《庄子》《礼记》在内的很多文献里,都有类似"天无私覆,地无私载"的叙述。"公"在那时已成为与天地万物共在的本源体验的一个普遍的意象,尤其是在君主治理国家中,这个体验意象特别需要强调。然而人们常常会被个人的私欲所乱,而忘记自己所欲求的治世方略,这是因为"其所欲者之远,而所知者之近也"(《季春纪·圆道》)。知在这里的意思等同于"私视""私听""私虑"等有关私心的知识或一些细碎的打算和考虑。这些私知会闭塞人的心性体悟，妨碍个人的智慧发展以及私德的建立，从而影响到个人对公领域的把握，因而这种私知是为吕氏所轻视的。要确立公领域的普遍知识，就要"知轻重"，既要重视这种有关个人的、特殊的知识和智慧，又须摆正它的位置；也即由私入公，在个人私利的基础之上建立起公共的群己分界，确立其公共的智慧以统御私智。在公私之间的衡量把握，也就是"智"在现实的公共领域里的建构意义。"智"的这个建构的过程是以"无知"的大公为源头的，也就是从先于主体性的诗情体验中开始的，从中确立起主体的个人德性，即主体的私德；而在私德的确立中，要在承认和保证私利的前提下排除私心、私欲的过分倾斜，以建立重私而不偏私的公共智慧和良好的社会秩序。

从"无知"的本源里建立了主体有"智"的德性，再延伸出现实中区别公私的明智或智术，也就是向"忠孝""君师"上的落实。忠孝属于现实社会的公共领域里的行为规范，在这里作为"知理义"的目标，而"知理义"要靠尊师重学。师对个人领悟有着决定性的影响："圣人之所在，则天下理焉。在右则右重，在左则左重，是故古之圣王未有不尊师者也。"（《孟夏纪·劝学》）由此可见，公共领域的规范，对每个人来说是给定的；而获得公共智慧的途径是通过跟从君师的学习，在此过程中唯君师的导向是瞻。这其实是以公领域来规约和引导私领域，因而其对私德的尊重也是不完全的。这种做法也很像荀子提出的"君师之本"，本来,"礼之三本"是具有本体意义的,应当处于个人私德的领域;而当其他两本被现实中的"君师之本"所统摄的时候,其实就已落实在了具体而微的礼教层面,成为形而下的行为规范。再将这时的"三本"重新放在本体的层面,其实是现实统治与本体论的一个结合。这种政道与治道的组合也许是帝国建立初期的常态,《吕氏春秋》也可以算作这个常态的一个体现吧。

二、《淮南子》中的反"智"之"知"

作为杂家的另一部代表作,《淮南子》也展现出了汉初对以往关于"知"这个范畴的总体把握。首先,这部书里也有一个本源——形上——形下的大致结构。《原道训》中说道:"人生而静,天之性也;感而后动,性之害也;物至而神应,知之动也;知与物接,而好憎生焉。"静的本性,其实是对本源的一种本体化表述。《淮南子》开篇描绘了一番"原流泉浡,冲而徐盈,混混滑滑,浊而徐清"的诗意情境,而后归于"执道要之柄"的无智无为的"默然自得"。这种静默其实无不在动中,却又与物化的诱惑保持距离,以防危机满侧的"性之害"发生。因而这里的"静"其实是动而无动的诗情,也就是《淮南子》所称的"不失其情",高诱注为"无欲之本情",[1]也就是还没有被对象化、物欲化的本源之情。诗情的特质是迎接物化世

[1] 刘安著,高诱注:《淮南子》,《诸子集成》第7册,上海书店出版社1986年7月版,第4页。

界的到来，世界是在由忧向愉的情感交变以及由此规定的时间性中，得到理解的。随着两情的交互，新旧交替的动态整体形成于主体的意向中，时空中的新世界扑面而至，随之而来的是相应的主体反思和把握。当世界在主体的反思中重现，已经是主客对待中的实际景象，也就是与物相接的主体之知，相应产生了对象化的好恶之情和相对的价值。主体不断反思，又不断回归诗情，兴起与返归源源不绝，由此给出在历史中推进着和变化着的主体性世界。

由于《淮南子》对道家的接近，也倾向于对回归本源的重视，而轻视建构，尤其是形下之知的建构。这突出表现在对"不知""无知"或"偃智""废智"的强调上。比如："方其梦也，不知其梦也；觉而后知其梦也。今将有大觉，然后知今此之为大梦也。始吾未生之时，焉知生之乐也？今吾未死，又焉知死之不乐也。"（《俶真训》）由梦到醒的例子，源出于庄子梦蝶的典故。梦中而不知是梦，意味着各种意向交融为一个整体，却不出现具体的、带有主体性的梦境景象，也就是"其寐不梦"。这种无梦的无知，其实相当于前主体性的本源境域；醒来则意味着主体进入了主体的反思，主客对待的时空领域骤然打开，由此才会意识到自己的醒来，而不论前面有什么样的梦境，都已成为过往。

这样的清醒如神一样地打开了理性的世界，醒来之际的神思给出了主体的意识，也唤出了时空中的各种对象，例如形体等存在者。在理性的世界中，人生难免对形体注意和养护，形体得养而感到欢乐，失养则伴随着去向死亡的悲哀；然而道家以及《淮南子》却支持视通生死，无暇苦乐。有限的生命只是反思给出的，有形的忧乐也是具体时空中的现象，这一切都可以回溯到无知、无欲的本源诗情中。现实世界上的苦乐是由个人运用"智"的巧诈而制造的，只有用"偃其智"的方法才能"保其精神"不受损害。（《原道训》）正像睡着了不出现有形的梦境，而觉醒时不带着深重的烦忧一样，这种"反智"的"无知"意在由危机满侧的理智警觉流入微妙而无所知的体会之间，在前反思的"无知"与反思中的理智的交汇中，却从不以智思世界里的有限存在者——个人生命为主导，以致意向有所倾斜。换言之，"危微之几"就是守住这种"反智"之"知"，既保持着知与不知之间的"几"的敞开，又不至拘囿或迷失于理智所造成的境域之内，随时回到理性之前的诗情觉知，并用此无知的情感本源给出并包容着理智的世界。

《淮南子》同样将理性或智性的世界构筑在私心上，从私情、私欲到私智、私德，既是世俗时空的打开、建立，也是人们很容易踏入却忘记回头的"不归路"，而这却是有悖于自然的"天性"的。因而，唯有不偏重一己私欲，才能把自己的生命安顿在不断敞开的时空境域中，既使之成为贯通着流俗的时间和空间中的有限存在者，又使伴随着自己生命的情感从不失陷于忧危之中，从而在"危微之几"的境界里使自己的形神同时保全，排除对一己生命的忧虑。这与《吕氏春秋》中的去私心、排私欲有点相似，只不过《淮南子》更注重本源境域的诗性描绘,而未进入清晰的形上或形下的语句。对伦理性语言的回避,或许与之在政治上的避讳有关,然而也更加凸显了其艺术性和文学性,同时也不失哲学上的意蕴。

当然在这样诗意的语言中,依然不失于在两类人群的划分中体现的位分尊卑。对圣人君子来说,重在"危微之几"的把握上;而对众多的百姓而言,恰恰是在危机和困苦中,才能意识到圣人的杰出。

> 夫大寒至,霜雪降,然后知松柏之茂也。据难履危,利害陈于前,然后知圣人之不失道也。(《俶真训》)

换言之,危难是凸显圣人的绝佳时机。未雨绸缪,见微知著,力挽狂澜于无形,拯救万民于水火之中,圣人才得以显现为道的化身。常人自己没有体道的经验,他们不知危机在何处,在面对危难的时刻只能企盼圣人的拯救。而圣人则在高处俯瞰着他们,随时掌控着他们的思想和情感,在每一次危机来临时适时出现,得到万众的景仰。对众人来说,他们是真的无知,对面前圣人的思想一无所知,不是有所避讳,而是真的体会不到,只剩下崇拜和感念。广大的众民是没有私德的,而不是保留了私德,他们的私德恰恰被禁封在尊奉圣人的公德中,并受这种类似个人崇拜的公德摆布。圣王的私领域延伸到公共的政治领域中,也是一种私欲的膨大式蔓延；而以此私欲铸就了公德，并排斥了其他人的私德，则是从以私害公走向了以公害私。正是在圣人和常人尊卑殊异的划分中，《淮南子》开始走向了法家，即以圣王的一己意志，形塑起所有人的公德，而将私领域清除尽净。这意味着由哲学的形上学下贯为统治的形上学，后者反过来封杀了前者；也说明了《淮南子》不光回避了伦理语言，而且在伦理的建构上也没有什么独到之处。

三、董仲舒的"先知"之"智"

（一）"智"在知明先几

在汉代的儒家学术领域，不论是在形而上的理论构建还是在伦理政治的层面，董仲舒都开辟出了一个全新的视界。这套儒学体系可以落实在"仁且智"上：

> 仁而不智，则爱而不别也；智而不仁，则知而不为也。故仁者所以爱人类也，智者所以除其害也。（《春秋繁露·必仁且智》）

对仁与智的这种界说，是在仁义礼智的关系中阐明的。在董仲舒看来，仁义是用来区别人、我关系的："《春秋》之所治，人与我也。所以治人与我者，仁与义也。以仁安人，以义正我。"

(《仁义法》)而用仁、义来区分人、我,是以"仁"所包含的"爱人"为旨归,从而达到以仁"恤远"的效应。因此,"义"以"仁"为目的,是"仁"在现实中的延伸扩展,而这需要通过"智"来实现,即"以知明先,以仁厚远"(《仁义法》)。"智"是在危乱尚未萌发之前的先知先觉,意思接近上文所说的"危微之几",在这个动态过程中,"智"就是用以察明先几的"知"。[1]而"智"终将表现为这样的结果,即使得仁爱扩展为现实中的人我有别、远近有度,完成"以仁安人,以义正我"的扩展。从仁到义的这个扩展只能借由"智"来达成,"仁而不智,则爱而不别也";反之,即使有足够的智慧,具备明察"危微之几"的才能,但实际上匮乏仁爱的本真情感来推动这种由仁及义的延扩,则是"智而不仁,则知而不为也",只能陷于"施之不当而处之不义"的境地。(《必仁且智》)

因此,"智"之所以能与"仁"并列,就在于"智"如何落实在明察先几、明辨人我的"知"的过程上;并且在此过程中,"智"与"仁"必须是共存的,任何一维的缺失都会致使此"知"不再成为可能。相比秦汉之际的走向,"知"这个概念在汉儒董仲舒那里,距离本源的体验应该说是更远了。因为在此之前,"智""仁"等概念都是随着本源的"知"而自然呈现的,而现在却反过来制约着"知"本身。可见,形而上

---

[1] 董仲舒:"然则观物之动,而先觉其萌,绝乱塞害于将然而未形之时,《春秋》之志也,其明至矣。非尧舜之智,知礼之本,孰能当此?故救害而先知之,明也。"《春秋繁露·仁义法》。

学概念至此已得到了比较完善的建立，或者说汉儒使其居于更为重要的地位。同时，汉儒们也更多涉及了如名实关系这样的语言系统建设。比方说，"闻其名而知其实"属于形而上学的语句。而如何才能闻名知实，只能存在于本源的"知"的体验中，董仲舒也用"天"这个形而上的名称来概括这种体验。每当进行名实关系的更易时，都是一次重新"受命于天"的过程，因此才保证了新王改制的"非改其道，非变其理"，每次都是对天理、天命的承袭。(《春秋繁露·楚庄王》)

董仲舒的"天"，是一种知通往来的体验。如何从过往中推知未来，这只能存在于"体天之微"中，这也是一种"危微之几"，因而十分"难知"，需要极高的智慧。《精华》中这样描述对于"天"的微妙领悟："弗能察，寂若无；能察之，无物不在。"而只有在这种精微的体验中，才能做到"道往而明来者"，体现在《春秋》的辞句中，即为"得一端而多连之，见一空而博贯之"，把天下万物都承载于有机的世界，使其各当其位，并在时间上连贯起来。董仲舒虽在本源体验上甚惜笔墨，然而却把这种见微知著、慎终如始的体会，尽可能地展现在对既有文本的诠解和描述中，尤其是在对《春秋》笔墨的称赞中：

《春秋》，义之大者也……视其温辞，可以知其塞怨。是故于外，道而不显，于内，讳而不隐。于尊亦然，于贤亦然。此其别内外、差贤不肖而等尊卑也。义不讪上，

> 智不危身。故远者以义讳,近者以智畏。畏与义兼,则世逾近而言逾谨矣。(《楚庄王》)

《春秋》的微言大义体现在其对内外、远近的不同笔法的谨慎择取中,由此可见《春秋》对各种人情物理的精微体察。这种体察本身是难以言说的,而以春秋笔法诉诸笔端就足以呈现出有序的差等、礼义的条贯。

将本体论语言与具体的伦理政治话语糅合在一起,这是董仲舒的特色,但其中依然可以做出分疏。名和实之间有何关系,以及名、实各是什么,这是形而上的语言;至于内外尊卑如何做具体的区别,则属于形而下的语言。而这两个领域可以由"知"一径贯穿。譬如,天理呈现在人道中就是"有道伐无道",这是本体意义上的"知天理"。把形上之知进一步扩充起来,有道就是"德足以安乐民",令能行、禁能止,无道则"恶足以贼害民",因此号令天下也不能行,禁也不能止。这是给有道、无道的形上范畴填充了实际内容,而成为形而下的伦理法则,也就是形而下的"知人礼"。(《尧舜不擅移、汤武不专杀》)从觉察天理的本源体知,到分辨人道的理性认知,再到明分礼义法则的实用智慧,在此一脉连贯起来。

(二) 知天理:董仲舒关于"知"的本体论

在本体论的话语里,"知天理"主要是指认可"有道"的价值判断，但价值不是凭空得来的，必须参照人情物理的事实进行判断。对天理的获知可归结在对"质"和"文"两部分的认知上：

> 缘此以论礼，礼之所重者在其志。志敬而节具，则君子予之知礼。志和而音雅，则君子予之知乐。志哀而居约，则君子予之知丧。故曰：非虚加之，重志之谓也。志为质，物为文。文著于质，质不居文，文安施质？质文两备，然后其礼成。（《玉杯》）

质与文的关系最早由孔子言及，到了荀子那衍变为"文理"和"情用"，依然不离孔子"文质彬彬"的意思，即文与质相杂并举。而荀子提出的是礼的文理，最次也要"复情以归大一也"（《荀子·礼论》）。情在这里，是指人天生就有的七情六欲，也是对人们日常各种情绪极为显豁直白的认识，不掺杂任何价值在内。一切礼义文理，都以"复情"为本，也就是回归到最为平常的人情中，这根本肯定了"质"是"文"的基础。同时，孔子与荀子都支持质与文的并行不悖。

在董仲舒这里，情被引申为志，也等同于质。情、志、质三个词并无内容上的不同，都是可以被认知到的人的情感，总共就那么几种，数量也不能增减。而它却可以被礼义之文加以引导，塑造成具有正面价值的情感，如"敬""和""哀"等。当情感具备了这些价值，就是"质文两备"，可以称为"知礼"。可见，这里的"知"包含了对先天情感的合理引导,以至使各种有形的器物得到合理的分配与合适的使用。所知的"有道"既体现在情感的合理转化以及由此做出的价值判断中,也在知识层面上体现为尽人的才性、尽物的器用。

正如荀子以情用为"太一",董仲舒也把志作为最终的奠基。质的意思就是不虚,是人的各种实在的感受,而"非虚加之"。没有了这些实在的情感志意,一切的礼义文理都无所附着。换句话说,所谓"有道"的价值,无非是人和万物先天的情性自我完满的要求所致,在用主体的理性把握和确立价值的时候,应随时关注这些真实存在的情感。对价值的觉知要建立在实在的感受上,并旨在实现情感欲求的满足,而不是离开客观现实的凌虚蹈空。

质与文分别代表了事实认识和价值判断的结果,而成为事实和价值这两大类名。事实类名可以先略去不议,董仲舒所关注的是价值的判断,即如何"知礼""知乐"等等。而最主要的价值首先是指我们熟知的仁、义,这是一个主客对待的世界中基本的人伦原则。

> 《春秋》之所治,人与我也。所以治人与我者,仁与义也。以仁安人,以义正我,故仁之为言人也,义之为言我也,言名以别矣。(《仁义法》)

人与我也就是主体与客体,每个人都是一个主体,面对着自我与他人构成世界，而仁、义是应对这个世界的价值尺度。与仁相应的是"爱人"的情感，与义相应的是"正我"的情感转化过程。爱人体现在广泛地体恤他人，重在把对人的关注向远处推进。当关心得多了、范围广了，对于人情事理的发展就会有预先的察觉，从而救患于未发之前。对灾害的提前预知，事先打算，是主体的理知或对"有道"的理性把握，这些是在爱人的情感中发生的。由爱人的诗情转向正己的理知，是主客对待世界建成的发端。仁与知同时随主体——义的确立而被建构起来。"是以知明先，以仁厚远"（《仁义法》），仁与知分别扩展开了空间和时间的维度，并为这个时空中的世界赋予了"明""厚"等价值意义，使之不但是客观实在的，而且是充满人文温情的世间。以知、仁、义三个名称作为基点，撑起了董仲舒的伦理世界的整体。

知、仁、义三者共同构成了"知天理""知有道"的本体论架构。这三者作为三个大类的名称，各有与其相当的实来对应，在各自的意义之间简明疏贯、相互扶持；由此完成了喻天于人的下贯，将天理显明在人道中。由这种形而上的"知"铺陈出了人道的理性结构，这是其进一步自我充实为具体而微的"人礼"的铺垫。

（三）深察名号：伦理政治层面的"知"论建构

当本体论意义上的"知"被充入了具体的意义后，就下贯为现实层面上对各种具体事物的认识，这也就是形而下意义上的知。

形下之知主要是指"深察名号",也就是分清日常人伦中的各种名分和与其相当的伦理意义。

名离不开相应的实,那么在形而下的伦理领域里,名和实各自意味着什么,相互之间又有什么样的关系,董仲舒称之为名号之辨。名与号都来自天地,"古之圣人,謞而效天地谓之号,鸣而施命谓之名。名之为言,鸣与命也,号之为言,謞而效也"(《深察名号》)。名就是对号的命名,而号代表着天意、天理表现在人伦上的具体样态。号大致分为这样几种:

> 受命之君,天意之所予也。故号为天子者,宜视天如父,事天以孝道也。号为诸侯者,宜谨视所候奉之天子也。号为大夫者,宜厚其忠信,敦其礼义,使善大于匹夫之义,足以化也。士者,事也;民者,瞑也。士不及化,可使守事从上而已。五号分赞,各有分。(《深察名号》)

对照不同的角色,天都与之分配了特定的职责,使之构成有机的伦理秩序。号与名"异声而同本",都源于天意,相互不分先后,之间并不存在决定的关系。但"号凡而略,名详而目",名在号的大略基础上继续阐发分化,开出更为细致的纲目条贯,成为日用事务的依据。自此,每一种人情物事,都有其各自的凡号和散名,通过名与号的脉络,都可以上达于天,成为天意的一个表征。

通过名号关系而获得的天人合一，这是董仲舒对《诗经》中"维号斯言，有伦有迹"的独特阐释。这里的"人"特指人伦事理。按照前面一贯的思路，此处形而下的"人"，理应是在形而上的主体性意义之上，被充填了现实的意义。换句话说，当"天理"被各种具体内容充实起来，"知"下贯为与此内容相应的"人"的感触，那么"人"也就成为一个对象化的存在者，在这样的有待之"知"中被充实成具有各种实际感觉和情绪的形下主体。即使是这样具体而形下的主体，也依然保持着可以感受、认知、判断等主体的特性；然而，董仲舒却在此做了一个改动。这里的"人"仅仅是一个对象，只能被感受、被认识、被判断，而不具有主动意义。或者说，它只是被某个代表天意的主体赋予了各种意义，自己不能做出选择或更改，也即被剥夺了主体性地位，沦为一个物化的对象。

这个改变其实与荀子对"礼之三本"的误读一脉相连。荀子发明的"三本"可以通过他的"正名元语言"，[1] 做形而上的解释。其中"天地之本"确立起"人"这个主体，"先祖之本"打开了主体性世界的时间维度，"君师之本"是指由主体对面的他人所组成的空间。这样一个主体性的形上领域，本可以被具象化为充满了主体自由选择的形下公共空间，然而却被荀子塑造成了"情安礼，知若师"（《荀子·修身》）的一元领域。礼本是情的选择，在这里却成为情感自我转化的目标；师也是主体

[1] 参见王堃：《自然语言层次的伦理政治效应：荀子"正名"伦理学的元语言研究》，山东大学 2014 年博士论文。

选择的对象,然而"师云而云"却把主体萎缩为一个应声附和的随从。尤其当君师一体时,"先祖之本"敞开的有循有作的历史传承被固化为尊祖、爱亲的愚孝,"天地之本"给出的独立个体被形塑成明哲爱身的谨慎之人,都屈从于对君师的愚忠之中,以君师的意志塑造自己的意识。董仲舒则更进一步,把个体性完全禁锢在"名号"之下,成为一个被物化了的器具。

当然,对君王如何正名,才能真实地体现天理,董仲舒也给出了"真"辩护。《深察名号》里讲:"《春秋》辨物之理,以正其名。名物如其真,不失秋毫之末。"这里所说的真实的"物之理",其实是指知识性的事物原理,因为紧接着就举了陨石的例子,就是从五块陨石中推出六只鹢鸟。[1] 而他举这个例子是为了说明,通过证明"性"的自然资质("质")是真的,从而证明"性"的本质是善的;人性都有善的本质,却需要通过外在的教化使之觉醒、生长起来。问题是,事实上的"真",却不能被比附成价值性的"善";知识的"真"无可否认,但价值的"善"只存在于个人的体会中。把"善"等同于"真",意味着剥夺了个人的私人体验,把人的觉悟完全外置于君王的引领中,这种引领就是制定名号,为每个人设定位分作为其本质。因而其所谓的善,并不具有形而上的意义,只是对某种知识性的责任的认可,而这种认可是以名号的形式赋予的,并被要求承认,就像承认某个事实

[1]《深察名号》:"故名陨石,则后其五,言退鹢,则先其六。圣人之谨于正名如此。君子于其言,无所苟而已,五石、六鹢之辞是也。"

的真实一样。说到底,董仲舒对性善的证明,就是对每个人提出了服从名号的要求,服从了就是认同了"善"的"真",因而也就证成了自己的"善"的本质。换言之,"循三纲五纪,通八端之理,忠信而博爱,敦厚而好礼,乃可谓善"(《深察名号》)。对纲常、礼则、名分的认可,才能算作善性的体现。董仲舒特地反驳了孟子"善于禽兽"的善,正如"知于禽兽"不谓知,然而这恰恰是把善当成了知识的表现。也就是说,在董仲舒看来,只认识到比禽兽更善,说明认识得还不充分,只有完全认识到了自己确切的行为准则,才叫真正的"善"。当然,如果接着履行了与自己名位相当的职责,就是进一步完成了善的结果。可见,"知"和"善"已经完全僵化成为对象性的事实认知,失去了时间性所赋予的灵动气质。

可以说,董仲舒的形下之知,是以知识性的真来比附善,而强迫众人的价值认同,这是以一种胶着、固执的形下之知遮蔽了他原已发展出的形上之知。在这样的遮蔽下,个人的私领域被代表君王意志的"公共"名号侵蚀殆尽。公共空间本应为保护私人领域而设,但在君主专制的政体下,私领域的消逝也同时意味着公领域的不复存在,"公"越发沦为了一己之私的设定。

四、王充的"知"观念

董仲舒的"深察名号"其实是把"知"的权力放在了君王的

手里，王充在同样承认"天理"的前提下，却把"知"的权力均遍化了。东汉的王充在他的著作《论衡》中，广泛谈到了人的气禀、性命、运势以及人性中的"五常"都来自天赋，并由天唯一决定着。天下的人和万物，都一样受控于天命气禀。这样就把平民和王侯之间的距离缩小了，他们都等距围绕着"天"。

人之间的距离缩小，而与天的距离则增大了。孟荀开出的"天人合一"到了王充这里，已经唯余矮化在"天"之下的"人"。这个"人"是事实性的、有限的存在者，或者说是物化了的对象。因而，王充被认为接近道家，或是荀子眼中"蔽于天而不知人"的庄子一脉。庄子在知识的有限性面前感到价值的虚无，并试图摆脱知识，回到"无"的本源，而王充则相反，他注重"实知"，致力于知识论的拓展。如果简单点说，就是把自身所"有"的这一切看个清楚、知个明白。也因此，王充的"知"呈现了两个不同的向度：一个近似道家的"无知"，即把一切事物视为"气"的升降结合，而不被任何目标或意志所左右；继而，所谓的"知"亦不过是被动的认识，其认识结果只是确定不移的知识。因此，王充的"知"论是一种形而下的知识论。

(一) 以有知无

王充在天人相分的思想上大体继承了荀子，只不过取消了天和人在本源以及思辨上的联通，而是将天、人都视为形而下意义上的存在者。他划分了有知和无知，人有知而天无知。天仅由元气组成，聚气成人，气散复归于天，那么天就和一般没有知觉的事物无异了。无知的事物又分为可以知的和不可以知的。可知的都能通过学问、思虑得知，而用学问不能获知的就是不可知的。作为一个东汉的人，王充在认识论上依然继承着董仲舒传下来的事实和价值不分的传统，无论是价值性的治乱、阴阳、五常，还是事实性的自然知识，在他那里都做了一样的经验认识处理，也就是征验于耳目，推类于心意。人作为天地之间唯一有智慧的存在者，只能认识到自己所禀受的自然元气，并把它充分地发用出来。换言之，有知就是一种功能，能够认识自身和周围一切的无知之物，它是无知的功用，源自并将复归于无知无为。

道家的"有生于无"在本源层面上的"生"被诠释成了宇宙论的生成，那么有、无的关系也就简单化为元气的作用；有知化生于无知，那么其所知也就不外乎一些既定的知识，认知的途径也不过是可征可验的推理方法。

> 先知之见，方来之事，无达视洞听之聪明，皆案兆察迹，推原事类。春秋之时，卿大夫相与会遇，见动作之变，听言谈之诡，善则明吉祥之福，恶则处凶妖之祸。明福处祸，远图未然，无神怪之知，皆由兆类。以今论之，故夫可知之事者，思虑所能见也；不可知之事，不学不问不能知也。不学自知，不问自晓，古今行事，未之有也。夫可知之事，惟精思之，虽大无难；不可知之

事，厉心学问，虽小无易。故智能之士，不学不成，不问不知。(《实知》)

有智慧、有能力的人，无不是通过学问思虑来获得知识的。对未来的预测，也是由于看到了一定的征兆，经由心中的理性类推而得知的。因为一切的知识，就像一个人的命运一样，都可归于先天被规定好了的各个范畴中，所以只要通过推类，就可得到全部的知识。这可谓对荀子"推类"的一种知识论理解，其特点是平面化、共时化和简单化。

因而，实知就是指从耳目到学问的过程，这个过程完全是科学的和逻辑的：

实者，圣贤不能性知，须任耳目以定情实。其任耳目也，可知之事，思之辄决；不可知之事，待问乃解。天下之事，世间之物，可思而知，愚夫能开精；不可思而知，上圣不能省。(《实知》)

可知的事实都是先天被决定了的，同样，获得这种知识的方式（耳、目、思、问）也是一定的，并且人会自然地去努力掌握这样的知识。无论是获取自然知识还是伦理知识的能力（后者也就是仁义礼智信这五常），都随气禀先天注入了每个人的本性中。只是由于气的聚散流行完全出于偶然，导致气在人禀赋中的数量程度各有不同，这就造成人在求学和修为中的表现参差不齐。气禀欠缺的可以借助后天的人力，以增强先天的不足，"勉致人功，以助地力"（《率性》），但后天的努力仅仅是程度上的和一定范围内的，并不能扭转或改变天赋的种类和性质。先天注定的命运依然主导着每个人探索和求知的方向，甚至决定着个人努力的作用程度。这种知识论具有鲜明的决定论意义，而决定者本身又充满了偶然性。那么确定的决定于不确定的，有知决定于无知，这意味着人的有为须时刻顾及周遭的无为天命，依然从本质上限制了知与行的目的和方向。

由于把"天"看作实在的"体"，[1]天无知无为，因为这个实体缺少能知的器官，而它创生出人这样的有知之体则纯属巧合，但从元气上说并没有增减，偶然必将复归必然的无目的、无意志。那么这偶发的微弱目的和意志又有何意义呢？从根本上说，王充的知识论是虚弱的、消极的。从他的论说上看，也大多只有归谬、类比这样的推理方式，缺乏创造性和活力。对他而言，人在世的知与行不过是认命而赴死的过程，并且这个命多已注定，改变的空间有限。这不是海德格尔那敞开的向死而生，只能说是用勉为积极的态度消磨对死亡的等待。以这样的有知，去揭示那幻灭的无知，恰如飞蛾的扑火，充斥着壮烈的无聊，而益发远离了生机勃勃的诗情本源。

1 /《论衡·祀义》："夫天者，体也，与地同。天有列宿，地有宅舍，宅舍附地之体，列宿著天之形。""体"作实在的形体解。

（二）以公喻私

虽然王充的"知"论是稚弱而虚无的，却在当时富于激进的力量。他虽未脱离以知识代价值的认识困境，也没有摆脱由天注定的命运，然而却把赋予命运的权力从个别人手里，腾挪到了无知无求的自然之天那里。换句话说，他虽未让平民积极地把握命运，却也同样没有把决定权放在少数人那里，而是让每个人都消极地接受"天"在不经意间的塑造。人们除了认识自己被赋予的价值之外别无选择。个体的、诗意的私人领域依然淹没在"面相""命禄"等荒谬僵化的"公"话语里。但撇开外在的等级秩序看，每个人被授命的机会是平等的，没有谁比谁在接近"天"上有更神秘的优势。

消除差异、寻求平等本就洋溢着个体化的诗意情怀，而这样的诗情只是深深隐藏在汉儒式的语言里，虽然偶尔还是会有所显现。比如，虽然五常随机禀赋在每个人之中，因厚薄不同导致人之间难以达成共同的价值体认，似乎有着价值虚无之嫌，但不妨碍五常依然代表着人们最为本真的价值追求。"阴气鄙，阳气仁。曰性善者，是见其阳也；谓恶者，是见其阴者也。"（《本性》）善恶虽只是人先天具有的阴、阳气禀，却依然有着"仁""鄙"之分。所谓"仁"就是"恻隐不忍"之气，仁之气如果禀得比较少，就容易暴戾而无义。人会自然地亲近仁，而远离不仁，如《答佞》中有："人君皆能远谗亲仁，而莫能知贤别佞。"这意味着"仁"是人们自发的选择，虽未必带来道德的结果，也不能排除它在人道中的基础地位。天并不偏爱仁，也不给行仁义者以特意的褒奖，但仁义的操守却无疑是人们的共同选择。这里的"仁"不再具有本体的意义，而是有了接近本源的意义。也就是说，它可以被认知为天赋的气禀，但同时也是人不可回避的直觉，对此不可知、不可说的直觉不用诉诸知识论，却也是指导自己行为的本源体验。

> 曾子曰："士不可以不弘毅，任重而道远。仁以为己任，不亦重乎！死而后已，不亦远乎！"由此言之，儒者所怀，独己重矣；志所欲至，独己远矣；身载重任，至于终死，不倦不衰，力独多矣。（《效力》）

儒者的所怀所志，任重道远，必将直至终死也不能衰竭。这样高远的君子情怀，似乎并不属于王充反复强调的天意所赋予人的无知无为，而只能出于人本身的自主意志。这种儒家情志在过去的研究中往往不被理解，并视为与其倡导的命定之论自相矛盾。然而究其思想深处才会发现，王充意在轻天而重人，实则把个体不可言喻的诗情私域，作为为仁由义的源泉之本。

> 诸夏之人所以贵于夷狄者，以其通仁义之文，知古今之学也。如徒任其胸中之知以取衣食，经历年月，白首没齿，终无晓知，夷狄之次也。观夫蜘蛛之经丝以罔

> 飞虫也，人之用作，安能过之？任胸中之知，舞权利之诈，以取富寿之乐，无古今之学，蜘蛛之类也。含血之虫，无饿死之患，皆能以知求索饮食也。（《别通》）

只要是有血气的小虫，都可以有知有欲，以此博取饮食维持生命，那么人难道甘于与小虫无异吗？王充把汉儒的那些形而下的知识论都视如蜘蛛网虫，他所描述的可知的天人世界，在他自己眼中也不过是"夷狄之次"。此外他还保留了一份不诉诸言辞的私人体会，那就是仁义的体验。唯有通过"仁义之文"，才能真正"知"通古今、视接万里。

因而，与各种形而下的"有知"和本源意义上的"无知"不同，仁义属于本源的"知"，犹如"美玉隐在石中"，世人不能知晓，难免有"抱玉泣血之痛"。

> 今或时凤凰、骐驎以仁圣之性，隐于恒毛庸羽，无一角五色表之，世人不之知，犹玉在石中也，何用审之？为此论草于永平之初，时来有瑞，其孝明宣惠，众瑞并至。至元和、章和之际，孝章耀德，天下和洽，嘉瑞、奇物同时俱应，凤凰、骐驎连出重见，盛于五帝之时。（《讲瑞》）

很多人不明白，为何王充一面反驳天人感应，另一面又在宣扬人与天之间的祥瑞之兆。因为用"唯物主义""逻辑主义"等标签去看王充,难免会把这些貌似抵牾的观点视为矛盾。从气的分量多少上说,人和天是不能相比的,一个人的气势再强烈也触犯不到天,因此天不会故意以自然灾难降罪或奖励个别人。但在一定情势下,人的五常德行得到广泛的发挥,大范围地影响了气的流行,这样就可以与天达成感应,祥兆由此产生。人受气禀和时运限制,不能同样地激发出私人的仁义体验,或者有大仁者没有机会影响他人,致使祥兆未必为某个人展现,这并不排斥天的祥瑞与人的五常是相符的。天人分有同样的价值(即五常),而价值本源只能在人的私领域中体会到。因此:

> 天自当以一行之气生万物,令之相亲爱,不当令五行之气反使相贼害也。(《物势》)

私人体验就是"相亲爱"而非"相贼害",这是仁爱的本源显现。不论有没有时运,人都会自发地推动、彰显仁爱,使之成为万物中隐含的价值。至此,王充的知论贯通了,也即贯通了本源之知(仁)和形下之知(知有无)。其中,形下之知包含知识性的无知、有知,而有无之中又都蕴含着价值性的五常,价值可能随气禀多少而有不同,但人们不管处于什么命运,都无疑在推行和贯彻着仁义,不为现世的目的,仅仅出于本源的体验。这也遥契孟子的"有性不言命"(《孟子·尽心下》)的学说,时命的无奈不足为患,君子终能在私人领域中畅思尽情。

这样,王充借助一套特殊的汉代话语系统,囊括了包括性、命、气、天等范畴在内的、全部可见可知的人类世界;同时也在这套话语的背后,为本源的诗情留出了一片不可言说的境域。可知的世界是虚无的、苍白的、无能为力的,而不可知的本源则隐然透出勃勃生机,从暗处活泼泼地萌发和生长着。可以说,王充为私领域开辟了一片广阔的疆域,只不过囿于时代,王充不能从语言上明辨公私之分,只能略显笨拙地用知识化的"公"语言——予以描写。或者说,他是以公话语为形式,将个人呼之欲出的私人体验透显出来。而当我们把《论衡》作为对私领域的解禁先声,王充的思想的确堪称当时富于先进性的呼声。

从董仲舒的"深察名号"开始,汉代的"知"论经历了形下知识对本源诗情的蒙昧,私领域被固化的"公共"话语侵蚀殆尽;而在王充的天人相分、重"仁"轻天中,私人体验又在知识之外得到了解脱,重新获得一片领地。王充虽未打通由私入公的话语通道,却以不可言说的方式坚定捍卫着私领域的本源地位,这不可不谓极具洞见。

第四章

魏晋时期的"智"范畴

两汉之间,"知"这个概念已经发展出了很多外在的意义,尤其与公私等范畴联系起来,这标志着人们不断向外扩展知觉的对象,使得"知"本身也具有了更多的层次感。与此同时,汉代学者看待"知"的终极来源,则不是诉诸天道就是指向命运这些外在的预设物,最终却只好以"玉隐石中"的困境怅然落幕。而魏晋名士则将人的知觉更多地推向了内在的体验,追源溯本地回到了"知无",并探寻从无到有的微妙关联。这就将语言的与哲学的思辨植根在个人情感知觉的深处,从而也为个体性的张扬提供了基础。从王弼的"贵无"开始,以至于郭象的"崇有","知"始终贯穿在有无之间。诗情与理知相互浸润、互为奠基,在情与理的冲气盈和中,充分展现出了"知"在不同层面的丰富多彩。

一、王弼的"知无"

作为魏晋玄学的主要代表之一,王弼首度援引道家思想对儒家思想进行诠释。他通过注解《老子》，将"本无"的思想引入了对《周易》的注疏，从而开创了有别于象数易学的义理易学，打开了经学史上的新篇章，也为宋明易学奠定了基础。很多人已经发现，在王弼对《易》《老》的诠解中，不能简单地将其"崇本""贵无"归为本体论或宇宙论，因为这里的"本末""有无"既不是实体的概念，也不完全是对事物发展状态的描述。从这些注疏里看，与其说王弼在理解着其所处世界是怎样发生的，倒不如他在理解这个世界如何发生的同时，也在诠释和建构着这个世界应该如何呈现。或者说，他不仅是在面对面地打量和认识一个客观的世界，而且是在从本真的体悟中清理出"意""象""言"之间的关系，把他最为本己的理解和领会用意象、语言的形式表达出来。如果用"有"来表示这个被意象与言辞给出的世界，那么"无"就是意、言之前的本真体会，而有、无的边际是由王弼所开启的玄思联系起来的。畅泳于有无之间的玄思也因而在哲学思辨上有了极尽精微的发展，这将魏晋时代的"知"范畴推向了更加深入的层面。

（一）道贯通着"有知"与"无知"

玄学与汉代儒学的显著区别，首先在于对"道"的重新诠释。在王弼对《老子》"道"的解释中，将其定位在"无之称"："道者何？无之称也，无不通也，无不由也。况之曰道，寂然无体，不可为象。"（邢昺疏引何晏：《论语集解·述而》）这里的"道"是指无形无象的虚寂体会,然而万物形名却由此产生。也就是说,从无名、无形到有名、有形的萌生,源于"道"的体验。在《老子》注中,王弼这样描述由"无"进入"有"的体会:

> 凡有皆始于无,故"未形""无名"之时,则为万物之始,及其"有形""有名"之时,则长之育之,亭之毒之,为其母也。言道以无形无名始成万物,以始以成而不知其所以(然),玄之又玄也。(《老子道德经·一章注》)

道就体现在万物从无到有的萌生中:始发于无形、无名的浑然一体,而终于有名、有形的"朴散为器",道就贯穿于事物生成、繁育的始终,并保证着它们各自得到充分的发展。这里的"万物"不是指客观的物质实体,不然怎么能从什么物质都没有里面生出物质的存在呢?那么,王弼所说的万物是不具有物质上的实体性的,而只是指主体的意向所投射出的世间事物。在主客对待尚未产生的本源知觉里,既没有万物也没有自我,物与我的界限还没有产生,只是本然地融为一体;而其中蕴含着"始物之妙",即物我区分出现的端倪。在一种从忧虑向安乐愉快的微妙情感转变中,主体性随着对世界的整体把握而绽出,而这种微妙的情感转化就是向着创造时空,并在其中安置万物的欢愉而去的。与此同时,处于主体对面的"物"的全体,也开始随着主体一同绽出在相对有限的时空以内。从无欲、无知的空虚到精妙欢愉的情感转向正是道的体验。而正是在这样的体会中，主客的分别、时空的领域一道出现了，世界万物由此而各得其位。道喻示着本源的觉知向理性的认知之间的转变，在此过程中存在于世界当中的各个存在者也在主体的把握和认知里被给出，并赋予了形形色色的外表和名称。

当主体开始对世界做理性的认知和解释时，就容易遗忘了主体性建立之前的诗情涌动体会，以及在主体性确立的情感转变中世界如何从无到有地发生出来。或者说，"知"本身就是从无到有的发展路径。在从无物存在的诗情知觉通向主体与外界相互照面的发端时，对事物还没有把握的"无知"也就在忧—愉的微妙转化中成为主体的"有知"。而恰恰当"有知"的主体从"无知"中绽出的瞬间，这个主体将自我充实在"有"的世界里，并沉沦其中不再忧虑着回归或寻找更多的方向，落实在有限时空里的相对主体疏离本源诗情的混沌，并已"不知"之前的自我主体是从哪里来的。在"知"由本源情感向理性认识的转变中，世界从无到有地展现在主体的面前，而同时也容易招致主体疏隔了本源的知觉，遁入不知不觉的沉沦状态而离道的体会越来越远。

也许因此，王弼在继续的注解中，突出了物的起点和终点："故常无欲空虚，可以观其始物之妙。""故常有欲，可以观其终物之徼也。"无论是始还是终，都同出于道。由于道的不可言说，始终两端的状态只能用"玄"来命名和描述。这样，在"有物""有知"的持存中，依然保留着"道"的根本地位，"有"从"无"那里得到了自己成立的根基，也被规定了存在的形式，如时间长短和空间大小。有在无的统摄中获得了始点和终点。这两端虽有不同的名称，却共同植根于无知无为的玄冥境域，可概括地称为"玄"。然而这样一个"玄"还不足以描绘出"默然无有"又萌发万物的体道境界，也就是"生而不有，为而不恃，长而不宰"的似有还无、"有德无生"的体会。道的体会是以出入有无之间的时间性为特征的，因而"玄"有"深"的意思，[1] 意味着由近及远，又由远而近的有无相生，表达着深邃幽远的时间感悟。而此时间性是在有无的始终相贯中反复把捉到的。从这种反复中体现出历史的纵深感，因此用"玄之又玄"来描述这种时间性的幽远领会。

  道贯通有知与无知，可以作为一种本体来看待，不过这个"本体"是用许多描述和况喻来表达的。比如"橐龠"表现出了虚空所蕴涵着的无穷生机。这样一个有限存在物的比喻也象征着万物持存的有限性，而在对有限的留意中保守着屈居虚无，由屈而能动，故伸展出无限的活力，不断打开新的有限存在。对虚无的描述还有"谷神""玄牝"，似有而无形，似无又包涵着万物的生机，其动而静、静而动的特征注释了其作为"门"的作用，时空中的世界由此而出，故也称为"天地之根"。这些颇具诗意的语言，无不在描述着"道"的体验，也即诗情中的体会与知觉的叙述，"道"恰恰是对这种本源知觉的概括吧。

---

1 / 王弼："'玄'，谓之深者也。"与前引"有德而无生"都是对"玄"的注解。参见王弼：《老子指略》。楼宇烈：《王弼集校释》上，中华书局1980年版，第197页。

(二) 由 "意" 到 "象"

从形、名的俱无到俱有，也就是物生、功成的途径。然而名与形却不是并列同出的。"名号生乎形状，称谓出乎涉求。"(《老子指略》) 从主体"我"的称谓，到客体"彼"的名号，是通过彼的"形状"和我的"涉求"而产生的。如果以主体的涉求为"意"，那么形状是涉求所指向的"意"之"象"。由主体的意，指涉到作为客体而存在的象，就是形状的产生，而对此形状命名，也就是"凡名生于形，未有形生于名者也"。

不同的名，是由各异的实（形）决定的。比如，"仁""圣""智"三个名，各自对应着一定的实：与"圣"相当的是"察见至微"的"极明"，即对细微末端的明晰察辨；与"智"相应的是"探射隐伏"的"极虑"，也就是对隐藏线索的揣测思虑；与此二者不同的"仁"，应是指人行善、施恩的情感和行为。前两者是从关于事实的知识上讲的"才之善"，后者则是情感价值上的"人之善"。(《老子道德经·十九章注》) 而事实和价值正是由主体的"意"所指涉的不同的"象"。随着主体在时间性中敞显，诗情转忧为愉中产生的主体"意"向指的是关于价值的"象"，对此的命名为"仁"；敞开的时空领域中，主体的认知也被"意"分为两种事实的象——"察往"和"知来"。察往对应着"圣"，知来则对应着"智"。可见，"意"也就是主体的意志（或"涉求"），促使主体在反思中把"情"与"知"划分为不同的象（即"形状"）；而无论是意还是象（也就是知、情、意），都共同架起了理性的知识建构，故可统称为主体的理知。可以说，三种象与意一同作为"知"在绝对主体性的层面上的反思性的理性建构，而"仁""圣""智"这三个名是用来区分这三种象而定下来的。

名是后于象的，可以先不论及。那么现在的问题是，在形而上的领域中如何分辨意和象的关系。以上只是从意和象的关系上界定了二者的位置，但空有位置还不够，还需在虚的位置上填补实在的内容。比如在象的虚位上填入各种概念范畴，来代表情感意向和事实认知中的多重关系。又如在意的虚位上充实主体直观的意志。这体现在《周易注》中就是卦象和卦义的对应。一卦由一个"象"来主宰，象义就是统御一个卦的志意，由意而生的卦象，则可以体现为多种多样的范畴和关系。比如：

> 是故触类可为其象，合义可为其征。义苟在健，何必马乎？类苟在顺，何必牛乎？爻苟合顺，何必坤乃为牛？义苟应健，何必乾乃为马？而或者定马为乾，案文责卦，有马无乾，则伪说滋漫，难可纪矣。互体不足，遂及卦变；变又不足，推致五行。一失其原，巧愈弥甚。纵复或值，而义无所取。盖存象忘意之由也。忘象以求其意，义斯见矣。(《周易略例·明象》)

这段是对象、意关系的集中阐释，象是事物类别、范畴在某个角度的体现，正如意是总体理义的一个反映。比如乾卦的意在于"健"，代表着刚健的意志，那么与其对应的象并不一定是马；

坤卦意在"顺",指柔和的意志,但也未必与牛这个象关联。如果把某个具体的象执为卦意,就会让伪说滋生蔓延,反而离本来意义越来越远。因此,王弼反对存象而忘意,提议"忘象以求其意",保留那个众妙所出的意志之门。情和知虽也属于主体,但都是反思中的对象(象),它们都与意不同,意是最接近主体的,它是主体反思中的指涉者,而非所指对象。对时间性的反思,以及在反思中出现的情感和理性,都由意来推进。意主宰着主体对自己的反思,以及反思中出现的意象,因此可谓先于主体的主体性,也是主体自由的体现。

由卦意所彰显的主体性的自由和以爻象所表征的变化类型,二者之间其实是本与末、体与用的关系。自由喻示着时间性的敞开,在自由的意志推进中,"知"展开了对过往情实的察明和对未来行动的筹划,察往而知来共同构成了"情"和"伪"两大范畴。变化就是这两个范畴的相互作用:"变者何也?情伪之所为也。"然而情伪之分源自主体之意,爻变由卦意统摄。因而要明晓爻变,就不能像汉易那样纠结象"数"、向外索求,而要反溯于一卦之意,回到由时间性敞显出来的现像[1]。每一卦都有其特定的时空现像,这是由卦意内涵的时间性给出的,而爻的变化都要以此为基础。在一卦的特殊情境下来解释爻的变化,赋予每一爻以特定的意义。这意味着由卦的意向给出一定的情境,显示

---

1 / 这里的"现像"不同于"现象":现象只是一个反思后呈现在认识中的实际情境,有特定的时空特征,因而是有限的、特殊的;而现象则意蕴着时间性的无限敞开,是哲学意义上的词汇。

为由爻构成的意义域,再给这些意义范畴充入特殊的内容。意的时间性展开了爻象的组合,形构成一定的变化样式,也就是"卦以存时,爻以示变"(《明爻通变》)。时间性贯彻于一卦之中,所有的爻变都要遵从"时"的规摄,适于简易而规避险阻,在时间性的规则下,形构出不同的变化征象。时间性敞显出了意的自由,统领着由爻构成的象,以意为体,以爻为用,一体之下展开了用的几对范畴:

> 夫应者,同志之象也;位者,爻所处之象也。承乘者,逆顺之象也;远近者,险易之象也;内外者,出处之象也;初上者,终始之象也。(《周易略例·明卦适变通爻》)

根据楼宇烈的校释,"位"是指各个阴阳爻位,而"应"是爻位之间的相应,比如一和四、二和五,都是相应的位。[1]可见,位不仅表示着时空发展的阶段和位置,其中还蕴含着阴、阳的价值在内。比如阴位是由小人所占据的,而阳位则属于君子的位置,所以阴、阳都能找到各自相应的位。或者说,随时间性绽出的价值,赋予时空中位置以各异的"象",在位置和位置之间都有不同的象绽出。这些象总共由几个范畴所统摄,由于爻所处的位不同,导致爻象对范畴组合的选择不同,而爻象再继续组合成某一个卦的卦

1 / 楼宇烈:《王弼集校释》下,中华书局1980年版,第606页。

象。如果笼统地以卦象解易,就会专注于上卦和下卦以及由此产生的象数关系,如汉易盛行的"互体"和"卦变"等方法。而王弼则着意剔出了这些形式上的说法,把上下卦的关系解释成"内外"的"出处之象"。这样就消解了象数易学的空间性依据,并代之以时间性中绽出的几种范畴,突出了价值在事实时空中的注入。也正因此,王弼对事实性的知识不太注重,更在意"趣时":"犯时之忌,罪不在大;失其所适,过不在深。"(《明卦适变通爻》)只要注重时间性中蕴涵的价值性,吉凶都会随动静而相互转化。

由此可见,王弼在解注《易经》上,重在一种简易的范畴建构,凸显出时间性的奠基地位。时间性正是易简之知的形而上学的根基,那么王弼在解易中贯彻了儒家简易的形上之知的建构原则;而简易之知则由来自贯通有无的道的感悟,或贵无返本的诗情体验。因此,说王弼以老子的贵无精神解易是说得通的。他把复杂的象数化归于简易的范畴,义理尽蕴于其中。这几个范畴包含着物理时空与价值取向的相互浸润,以爻象和卦象的形式显示出来。而要进一步对这些象进行命名,则需要进入由象而言的叙述方式。

(三) 因"象"而"言"

王弼这样阐释意、象、言的关系:"夫象者,出意者也。言者,明象者也。尽意莫若象,尽象莫若言。"言是指解释卦和爻的语言,比如卦辞和爻辞等。言一方面可以表明象的意义,而在明确揭示了象的涵义之后就不需要继续保留了,也即"得象而忘言"(《明象》)。象代表着类或范畴的组合,一卦有其总体的卦象,表征着此卦的主旨或它所代表的种类。"触类可为其象"就是说,"意"的末端指向将接触到各种类别范畴(简称物类),这些类别可以分别用相应的"象"来表示。比如,荀子《正名》篇里所说的"大共名"就是所有存在事物的总称。这样一个总体的物类所对应的"象"可以用"共"来表征,或者说"共"即是全部存在物的总体特征。又如同代表女性群体的"象"可以用一朵花来表示,花可以表征"女性"这个类的特点。象所要表征的是意,只要在意的指向中可以合并的物类都可以共为一象。用诗学里的"比兴"来讲,"比"就是物我相比无间的本源诗情,而兴则是意的发起,并指向着物类的分殊。将女子比作花的诗句正是意—象结构的语言描述。当然,意是主体性的,因而具有确定性,象却未必是唯一的;可以把女子比作花,同样也可以比作鸟儿等等。那么要表达乾卦的刚健之意,未必要用马这个象;同样要表征坤的柔顺之意,也不一定要用牛的象。得了意就可以把象遗忘,就像得到象也可以忘记表达它的言语。既然象对于意已经是第二义的,那么言就更次之,仅起到表达明示的作用,实现了这个功能就可以丢弃了。

虽说语言的重要性是最低的,但也须注意到,从意到象的指向结构是在语言的描述中出场的,"言"是给出意—象结构的起点。而在解读的过程中同样要从语言入手,从"言"中推出对"象"的认知,再依次回溯到"意"的兴起。这也是一步步舍弃的过程，得到象就忘记言，得到意就忘了象。知意才是"知"的最终目的，否则只能滞留、沉沦于"象"的随意驰骋里。而对"象"的把握不清晰，言辞也将随之泛滥，流于"有马无乾，则伪说滋漫"的境地。因此，王弼提出要回到主爻，以象观意，重点把握一卦之意。对卦意的理解在于回到"一"之"原"，这与其解老子"其出弥远，其知弥少"的求"一"而无求于"众"的意旨相当。（《老子道德经·四十七章注》）"一"在这里既可以指一卦的主爻，也可以作为爻象组合的整体集中体现在主爻上的内容，总之就是一卦的情境体现。那么一旦已"知卦意"——对"意"有所把握，也就把握到了整个卦的根基。

言—象—意的步骤，其实是透过言语，把握意之所象的意—象结构是如何出场的。而要进行这样的理解和把握，首先是通过忘记语言，再到忘记语言所描述的象，最终回到意这个根本上；同时，根据一卦之意重新构造出卦象的形态，再推及语言的复述，即把意和象用言语再现出来。"知"的形而上的建构，其实是在这种从语言入手的拆解与重构中完成的。这套建构其实是以重新阐释为目标的，可以概括为由意而象、由象而言的阐释次第。

从"知"卦意上讲，语言要极尽精简，这样才能恢复知的形而上建构中必要的"易简"原则；而在建立作为所知对象的形而上的范畴时，又不得不依托于语言，"尽意莫若象，尽象莫若言"。王弼没有说语言定能完全清楚地表达出象外的意，但没有什么比语言更适用于描绘象本身了。为了由象及意地推本溯原，只能依靠语言的帮助。王弼注重的是诉说和表达象的语言，这种语言旨在把象的分类及其来龙去脉说清楚，无须更多陷入象数的互相纠结之中。因此，描述象的语言是精简的，并仅限于本体论的范围，符合"知"在形而上领域中的易简原则。从王弼解易的语言来看，的确也具有简洁疏略的特性。

王弼在说到"言"时，重点在言的出入有无之间，也即如何从无言到有言，而有言又如何以无言为根本。对《老子》四十二章的"道生一，一生二，二生三，三生万物"，王弼的解释是：

> 万物万形，其归一也。何由致一？由于无也。由无乃一，一可（谓无）。已谓之一，岂得无言乎？有言有一，非二如何？有一有二，遂生乎三。从无之有，数尽乎斯，过此以往，非道之流。故万物之生，吾知其主，虽有万形，冲气一焉。（《老子道德经·四十二章注》）

学者们已经发现，王弼意在把老子的"宇宙生成论"化归于本体论。比如余敦康曾把王弼的"以无为本"确认为其"贵无论玄学"的主题。[1] 由生成论向本体论的迁移，其实也是由存在的世界本身转向了描述存在的名言系统的迁移，也即从存在到语言的转变。它不再纠结于客观的无如何生出有的问题，而把视线转移到了语言上的本体与现象之间的关系问题。这

---

1 / 余敦康：《魏晋玄学史》，北京大学出版社 2004 年 12 月版，第 172 页。

对于老子本身的思想来说，无疑是一个超越，体现了魏晋玄学的根本枢机。也正是在此，王弼有关"言"的理论也显得相当重要。

然而仅仅把王弼的"言"论看作本体论，依旧有其解释不清的地方。比如，"由无乃一"，从而"一可谓无"，但同时"已谓之一，岂得无言乎"。如果把这句看作把本体的"无"当作"一"，那么如何解释"一"的既无言又有言？如果说有言是现象，无言是本体，那么"一"的既有还无就无从说起，因为不明了它究竟是本体还是现象。再往下看，"有言有一，非二如何"，这是说"言"和"一"有不同的两个"有"，因而称为"二"。这里又把"一"视为不同于"言"却也不等于"无"的现象，从而可以与言语中的现象并列为二。如果按余敦康的说法，名言作为一个工具，用有和无来描述本体与现象构成的世界，那么在此可见，名言所呈现的并不包括作为本体的"无"以及由无而至的"一"，名言把"一"称为"一"。则已经处于"一"之下的"二"或称之为第二义，对"一"的称谓——"二"会在现实世界中指向各种特定的对象，遂生出第三义的"三"。万物无论形态如何各异，都要依照这样三层意义得以构造，从气韵上还要归结为"一"。

那么这里的万物很明显不是指客观的实在，而是语言中的现象；但值得注意的是，王弼所谓"言"仅止于表示万物万象，而不可涉及"由无乃一"的层面。因此，余氏所论以名言表述本体与现象的辩证关系之说，是并不能找到根据的，名言并不介入他所说的"本体"层级。从王弼本文上看，言起源于对"一"的命

名,和"一"构成了名实的关系。可以看出,王弼的解释和庄子几乎如出一辙:

> 而万物与我为一。既已为一矣,且得有言乎?既已谓之一矣,且得无言乎?一与言为二,二与一为三。自此以往,巧历不能得,而况其凡乎?故自无适有,以至于三,而况自有适有乎?(《庄子·齐物论》)

物与我的齐一是不可诉诸语言的,这是老子的"无",也是无名、无形的诗情体验。然而既已称之为"一",就已进入了主体的反思中,主体把诗情体验反思为"一"这个实在,或者也可以将之作为一个本体。而对这个实在的命名才是"言"。"言"与"一"是名言与其指称的关系;但"言"又有其自己的意义,因此"言"本身包含有二,即"言"和它的所指(所指不是指称)。那么"一"与"言"是两种不同的存在物,故称之为"二"。那么,反思开出了"一",即第一义的实在;对此命名得到了"二",即第二义的名言;第一义与第二义在现实中有其所指称的对象,于是产生了"三"。这时就有了三个存在物,即实在的"一"、对"一"的命名和名的实际指称。自此以后,万物都在名言与其所指之中了,而无论有多少种形态和变化,都可以归于"一"这个实在本身。可见,"一"可以视为本体,但本体是超于名言之外的;并且这个本体是由反思给出的,在这个第一义的本体之前,还有前反思的"无"。"由无乃一"也就是从诗情体验到主体反思的敞显,形而上的本体也在此反思中得以确立。

本体是在主体性的反思中被给出的,而由上节可知,主体性是由"意"来主宰和推进的。那么不难推证,"由无乃一"其实是在意的作用下,随着主体性的萌生而呈现出了"一"的象,而对"一"的命名则成了言。由第一义到第二义,也就是由意而象、由象而言的逐层展开。世界中的万物都由此包容在名言中,语言就是存在者共同的家园。

由此亦可见,王弼既不主张绝对的"崇本息末",对象与言采用了完全弃绝的态度,也不主张绝对的"崇本举末",把名言当作彻底表达意、象的积极工具。而毋宁说,王弼对于意—象—言的次序只是不得已的接纳,意只能用象来形构,而象也只能以语言来明示。至于语言所揭示的世间万物,那与意、与象都已经是疏离的第二义以下了,更远离了本真的诗情之源。名言能否尽象、尽意,王弼没有致力于说明,而似乎也并不像西方形而上学对"是"与"在"的穷究那样属意彻查。只是从其得象忘言、得意忘象的态度即可说明,言辩本身即是不足详考的。老子的"其出弥远,其知弥少",在王弼这里成为知一而忘众,也即知象、知意,以致忘言;而忘言即喻示着由意而象的形上之知如何诗意地敞显。或许恰因王弼对形上之知的辩解如此地贴近诗性,从而为魏晋哲学的整体转型奠定了哲学的基础。譬如嵇康、阮籍等竹林学派的名教与自然之辨,即切合着由其开创的正始玄学而起步。

二、竹林玄学的自然之"知"

牟宗三曾把魏晋思想分为三派,即名理、玄论、旷达。其中名理与玄论其实都可称为广义的名理,也都有着哲学形而上学的意味。[1] 唯独旷达派专属竹林玄学,以阮籍、嵇康为代表,他们虽也有名、理之辨,但不同于前两派的正式,更多有歧出之感。在牟宗三看来,这种旷达之风迥异于王弼、向、郭的玄理,而只能称为冲向生命洪荒的狂放,与礼法世俗则毫无挂搭。这尤其表现在阮籍在母亲丧礼上既不尊礼,又以青白眼的怪相打发客人,这很难为重视礼法的儒家所接受。在牟宗三看来,儒家视丧礼为最能表现情理交融的所在,故不能容忍刻意强制真情而摒弃礼法的"旷达"作为。因此牟宗三将嵇阮置于玄学末流,并以此为竹林派不为儒释所称道的原因。[2] 当然牟的眼光似乎也有脱离时代背景之嫌,庄子的鼓盆而歌既然可以被接受,阮籍的青白眼又何必否定?都只是应于时境的真情流露罢了,虽难以合乎普遍的理,也不必划归于无理。与其对这个现象做判断,倒不如给以更深的体贴和把握。

在嵇阮二人当中,牟宗三又做了阮以气胜、嵇以理胜的分疏,尤其表现在二人的"乐论"中。阮籍论乐主张通达天地太和之气,有着将生命与自然合一的形而上追求,也即气理和一的自然理性,却未必有牟

[1] 牟宗三:《才性与玄理》,广西师范大学出版社2006年8月版,第198页。

[2] 牟宗三:《才性与玄理》,第253页。

宗三所说的欲望冲决理性而至宇宙洪荒的意思。阮籍还是坚持理对气的驾驭的，只不过他的理具有了客观性的特征，虽注重恬静和乐，也不乏自然冲越的激情。嵇康则把自然理性推进一步，强调音乐平和本质的客观性，甚至将乐声与心情的感发视为两截，音乐本身并没有"太和""哀乐"等心志的痕迹。无论重气还是重理，他们之所以被视为正始玄学的歧出，绝弃于儒释道合流之外，主要与其对主体生命抑或客观自然的重视有关。然而，虽说他们似乎坚持的是道家的"自然"，抵触儒释道的共通之处，但并未把时间性的领悟摆在次要，抑或抵制向诗性本源的曲折回流。历来人们将竹林玄学视为消极，却并没有看到其对正始玄学有所继承的一面。从"越名教而任自然"上讲，竹林派的"知"论可以用理气之知来概括，从阮籍的"知气"到嵇康的"知理"，映现出自然理性在这一派中的发展轨迹。

（一）阮籍的"知气"

阮籍的论"知"应以《通易论》为基础，通过"乾坤""方圆"等范畴表述出来：

> 一阴一阳，出入吉凶，由暗察彰……非知来藏往者，莫之能审也。……"乾"圆"坤"方，女柔男刚，健柔时推，而祸福是将，循化知生，从变见亡；故吉凶成败，不可乱也。[1]

[1] 阮籍著，陈伯君校注：《阮籍集校注》，中华书局1987年10月版，第111—122页。

韩康伯对此作注道:"圆者运而不穷,方者止而有分。言蓍以圆象神,卦以方象知也。唯变所适,无数不周,故曰圆。卦列爻分,各有其体,故曰方也。"[1]《系辞》里并没有方、圆这一对概念,直到韩康伯的注中出现,而后被阮籍引用,从此用其来说明性情、刚柔、仁义等概念。其中,"圆"象征变化周流的"神","方"代表聚类分别的"知",圆与方各自表达着阴与阳、刚与柔、仁与义这样几对范畴。《荀子·不苟》中也有类似的表述:"诚心守仁则形,形则神,神则能化矣;诚心行义则理,理则明,明则能变矣。变化代兴,谓之天德。"人的诚心守仁和行义,就如同阴阳的相济、刚柔的变化一样。这个变化可以用方与圆来表征,圆代表变化本身,也就是诚心的持守这种情感上的体验;方则是指变化的外在体现,由守而行、由仁而义,形而成理,[2]从而在主体的反思与认知中给出了刚柔、阴阳等各个范畴。阮籍对圆的理解同样是动态的,从蓍龟的占卜行为中所直接知觉到的情感体验中可以认识刚柔这对范畴。性所固有的刚柔是由情的爱恶所生的吉凶所决定的,性的阴阳也是由刚柔变化所规定的。性情相交,从而规定和给出了仁义等概念,并继续推衍出"天下之位""尊卑之制"。[3]

可见,阮籍依然坚持着情的本源地位,以情来规定和给出性,并由此推出其他范畴。而情在古代的解释中,既有

[1] 阮籍著,陈伯君校注:《阮籍集校注》,第132页。

[2]《坤卦·文言传》中称为"'黄'中通理",荀子则称之为"行义则理"。

[3] 阮籍著,陈伯君校注:《阮籍集校注》,第130页。

直觉体验的成分,也有事实意义上的自然元气的解释。阮籍对"情"的阐释也兼具以上两个方面。《通易论》道:"情故有爱恶。爱恶得失,得失生悔吝,悔吝著而吉凶见。"爱、恶这两种情感是人自然具有的,因而也是不可否认的事实。在两情交感的体验中,才有了得失、悔吝、吉凶等价值判断,这是在直觉中完成的。忧愉和吉凶分别代表着对情感事实的认知,即关于情实的知识以及情感中蕴含的价值判断,这两方面是同时由"情"本身所给出的。因而在《通易论》里,"情"的本源既不能说成爱恶忧愉的事实,也不等同于吉凶悔吝的价值,而依然保留着先于任何判断或语辞的诗情特性。

然而在《达庄论》中,阮籍又把这个先于一切存在者,并给出天地万物的那个终极本源称为"自然"。当人从自然中赋得了形体,身是由"阴阳积气"而形成的,气与身都是事实上的物质,只可以作知识上的认识。性包括五种核心价值(五常),分别对应着金、木、水、火、土。那么这五行究竟是知识的还是价值的,其实已经混同起来。情依然由"变"和"欲"两部分组成,也是事实和价值的组合;神是最终的统御者,代表着对价值做损益的最终依据,但这个依据却不能离开自然的本源。[1]这里,本源是自然性的,自然即涵盖了事实与价值两部分,但根本是客观的、物质性的。从情本源向自然本源的过渡中,情逐渐成了"游魂",以

---

1 /"人生天地之中,体自然之形。身者,阴阳之积气也;性者,五行之正性也;情者,游魂之变欲也;神者,天地之所以驭者也。"《阮籍集校注》,第140页。

事实上的物质"魂"或"欲"为依托,其价值性则成了附庸。同样,阴阳、身、气、性与五行也都具有了物质性和知识性的意义。因而,心、性与耳目肢体一样,都从自然中禀得了物质性,并且随自然而变化生灭。物质这种自然本源论的形成可能是受到了道家的影响,但也可能反映了阮籍自身的知识论转向,即从情感本源转向了自然本源,由情感之知转向了事实之知。这一重要转向体现出他对自然理性的注重。

物质在生与灭中完成了终始交替,这是自然变化的枢机。而情感也须依据生死而转变,这就是"恬于生而静于死"。这样才能"与阴阳化而不易,从天地变而不移","心气平治,消息不亏"。(《达庄论》)他所强调的不移不易,虽生死流变而永恒不灭的那个本源就是自然。理性持守着这个不变的本源,才能保证"情不惑""神不离",统御变化的情感神思。在《通老论》里表达得更清楚:"道者,法自然而为化。"守住自然的终极本源,就可以把握万物的变化,以此来解释《易》的"太极",就可以将其理解为认识自然的理性。把太极作为性情方圆的本体,那么圆神知化就从诗情之思转换成了理性之知。

对自然的理性认知,是从对气的把握上开始的。《大人先生传》中的"真人",即"唯天之根,专气一志"。气是物质本体,人与天地万物都可以在气中融通,自然理性的表现也就是心志把握气。而这种把握依然是体察变化的终始之端,依然是对时间性的了知:"盛衰变化,常不于兹,藏器于身,伏以俟时。"对气的这种把握,其实是有俟有藏、有发有守、有伏有作的动态了解,是历时的带有价值的向度。其中蕴含着时间性的藏往知来,有储备知识和生发价值的双重取向。譬如在《乐论》中,虽"八音有本体,五声有自然",而这个物质性的自然"常数"是可以用"导之以善,绥之以和,守之以衷,持之以久"来把握的。这种把握是以价值作为导向的,并富有因时而变的时间性意味,如"礼与变俱,乐与时化"。因而,阮籍"知气"的自然理性,其实仍然依照着其在《通易论》中阐发的诗情本源,只不过混同了自然与情感之分,但不可否认其理性中的诗性成分。

(二)嵇康的"知理"

嵇康在对自然理性的认同上与阮籍相似,依然把性、情都归入了自然的本质中,不过情的地位较性更为从属一些。情是"不虑而欲"(《答难养生论》)的性的动态,因而论情就包含在性的论域当中。性本身"性絜静以端理,含至德之和平",也就是含有自然特定的和平性质,也就是说,性情都是符合"自然之理"的。[1]

嵇康著名的《养生论》《答难养生论》中,对生性的保养就在于把性情收控在平和的自然之理中。人放纵情欲是因为"智"的作用,那么控制也重在把智限制在理的范围内。相比较阮籍,嵇康的"理"更为客观,不以人的情感而变动,

[1] 嵇康重"理"的说法,始自牟宗三,后一直被继承下来。"端理"之理,也就是"自然之理"。参见何善蒙:《魏晋情论》,光明日报出版社2007年版,第103页。

人也只能通过"知"理而控制情欲的滥行。"是以古人知情之不可放，故抑其所遁；知欲之不可绝，故因其所自。"(《声无哀乐论》)有"因"有"抑"，都缘于对情欲中所含自然之理的理性掌握。嵇康的性情观也就是一套关于"知"的理性论，即以人的理性来掌控性情。

人所具有的自然理性表现为"任心无穷"(《释私论》)，不需要先认识什么是善，而只要听任心的自然导向，就可以做出善的判断。嵇康的理性并不是去认知一个客观的道理（如礼义之名），而摆在了认识论之前，从而超越了名教从认知上对人的统治。可见嵇康一方面强调"理"的客观普遍性，一方面又把"理"从外在的、只能被认识的客观理义转移到了心的理性裁决中。这样的理性很有自由意志的意味，有着强烈的主体性意味。当情感听从了理性的指引并显现出来，可称为公而忘私，否则难免陷匿于私。价值不再以名教为依据，而听任自然理性的判决；理作为终极的本体，取代并超越了名言，而体现为心中的意志。由此可见，这是对王弼意、象、言关系的继承，并赋予"意"以形而上者的地位，使其成为自然的本体。

理作为自然的本体，需要深切的体察才能得知。"夫至物微妙，可以理知，难以目识。"(《养生论》)可以用耳目看到的和辨识的，比如以往的文本记录，又如音歌、乐舞等形式，这些可以用来证实"理知"的判断，却不能作为心所以知理的依据。心必须排除这些外在的、有形的符号，以及与这些可以闻见的名号相

应的声音、形迹等实情,使得"名实俱去",而通过"推类辨物"的理性,来把握事物之理。(《声无哀乐论》)

推类排斥了一切有形有貌的名称符号,也不用浅近的理智来认识与此名称对应的实物,那么只剩下了"颖然独见",神妙领悟名言气色之外的自由之理。否则,如果用浅智接触名物就得到认识,那么就没有什么认知不到的内容了。嵇康举了一个例子,假如圣人到了语言不通的胡域,应当知晓当地人的语言吗?问难者必然会说可以知晓。而知道的方法则只能通过"观气采色,知其心",这种观气知心的方法是不需要语言的。换言之,理性的觉知是超越名言之外,而不为名言所系累的。

由此可见,嵇康的理性虽以自然为本,却不同于万物的自然之理。物有万殊的情状,人有贤愚的分别,这些都属于物理上的自然,可以进行事实的认知。而人的哀乐悲喜由理性的价值判断所导引,不受事实知识的束缚,只能用"神心独悟"来体会。因而嵇康的理性实则是顿悟性的,并非语言上的推理分析。所谓"知心""知理"更接近不可名状的本源体验,只不过借自然之名抒发诗情之思罢了。

阮籍与嵇康都重视自然理性,而他们的理性其实都充溢着诗性的意蕴。透过诗意的知,得以推类无穷,综理万物的吉凶变化,这就是对自然之理的把握。虽有向"理"与"气"的转向,但他们的"知"思想并未离开正始玄学的统绪,依然贴合由意而象、由象而言的脉络,只不过将诗意冠以自然之名,使之具有了理性化的倾向而已，并且这种理性逐渐区分了事实与价值，并突显出了二者同本于自然。这里的自然既包含宇宙元气的物质性，又具有理性的秩序性特征。[1] 而归根结底，向诗性的回归依然是以理性把握自然的根本。与其说竹林七贤是对正始玄学的歧出，倒不如说是一种承接，并且其对自然的注重又下启了向秀、郭象的"冥于自然"的传统。

三、郭象的"独化"之知

当玄学发展到了元康时期，嵇康、阮籍崇尚自然的思想逐渐成为对抗名教的工具。因任自然又往往被误读为不加克制的放纵情欲。因而，玄学中分化出了另一个"崇有"派，以裴頠和郭象为代表，坚持存有的实体性，以抵消"贵无"对名教可能带来的威胁。对庄子而言，有、无是方内和方外的关系，而"外内不相及"（《大宗师》），因此二者不相关碍，自然归自然，名教归名教。这个观点对反驳"越名教而任自然"的统有于无之论很有帮助。向秀、郭象的《庄子注》因而成为这个时期的代表。

（一）知本"无无"

郭、裴二人都持无不能生有的观点，然

[1] 汤用彤总结了嵇、阮的"自然三义"："自然为元气，盖就实体说；自然为'混沌'（'玄冥'）、为'法则'（'秩序'）、为'和谐'（'天和'），盖就其状态说。"汤一介：《郭象与魏晋玄学》，北京大学出版社2009年11月版，第115页。

而"有"必须面对的是从何而生的解释。如果有是指存在,那么生出有的同样也是存在着的,而不可能是无。既然有只能从有中生出来,那么只能是"自有""自尔""自然",本身就具备了自我生成的"自性"。接着,郭象把这个"自性"放在了主体的理解中,从"玄冥之境"到"独化"中,人可以体会到万物自我生长的样态,也就是从无始终、无方所的不可知中一下子(欻然)敞显出来,各自有了边际和形态。从无生有这个命题,被巧妙地转换成了"欻然自生"(《庚桑楚》注),置于人的想象中。

人既不能想象从无中生出有,那么不妨从有的自性中追问出无。有的从何而来超出了人所能知的范围,故可以归为无知。那么如《天地》注中所记载:"上不资于无,下不待于知,突然而自得此生矣。"当知道了自己的存在时,已经处于存在之中了,如果预设一个与此存在相对的无,那么知有与知无就断为两截,彼此不能通达。这是向秀所持的观点,却也是被郭象所否定的"有无"论。反之,郭象认为不须设立这个"无",而应"知无无"。这样才既能"游于外"又能"冥于内",游于有知又冥于无知。有、无如何相生的困局就这样被移入了主观的冥合中,在有知、无知之间,万物在玄冥之中独化而自得。郭象突破了庄子的无知之知,提出了另一套"知"的形而上学,即"不知所以知而自知"的理论。其实王弼、嵇、阮同样是在知的领域内打通有无。因此,郭象的无知而自知也并未离开这个传统。

郭象以"无无"解构了王弼的"无",可以说是其思想的特点。其实同郭象一样，王弼并未把有无割裂，只不过在表述中突出了无的静态特征，比如《周易·复卦注》中的"寂然大静"。以静为无为本体，以动为有为现象，容易造成后来弃末逐本的态势，反失去了体用一源的圆融无碍。而郭象则通过对"无"的否定，倡导"崇有"，在现象中解构了本体，用"玄冥"的动态替换了向寂然至无的追寻。换句话说，"无无"不是对无知的否定，因为郭象依然承认"不知"；它否定的仅是静态的不求知，对求而不可得的则概括为玄冥。

顺于有为、有知，也就是无知、无心，唯有"随感而应"才能领略无知，顺有而知无也就是"知本"。（《庄子序》）如果不能顺随自己的求知意志，刻意泯除思虑，即成为一种偏执的求寂，这恰恰是有对无的遮蔽。当把无执着为寂然不动的事实来认知时，就更蔽塞了有的生机，尤其当把它作为自然的理则时，会加重误读而造成价值的荡失。郭象所否定的"无"，只是这种被静态固执了的无的观念；而后又重新以"无知"而自知为途径，把无渗透在有中，使之成为有的本源。

通过概念的替换，郭象把作为"不存在"的无，改变为"不刻意"的无。"无无"也就是不刻意于"不存在"这条知识，同样也不刻意于任何知识或价值。第一个无不是否定，而是随顺，是带着时间向度的因其来而任其去，这是价值判断的自然走向。或者说，这个"无"就是暗含在价值中的时间性，不断迎接着价值的萌发，也不挽留价值的逝去，与此相应的是将来将往的事实世界。这个"无"的意义很接近"虚":"与万物为体,则所游者虚也。不能冥物,则连物不暇,何暇游虚哉。"(《应帝王》注)当把万物看作静止时空中的对象时,则不能把握其来去的枢机,更不能从不存在证出其存在,因而当新事物到来时往往"迎物不暇"。而冥合万物为一体,则是在体验中把握着时间性,从而掌握了万物生成的机缘,一切事物在迎面到来时不把它当作实的,而在淡去时则回归虚无。因而,无就是对与物同归于玄冥之境的总体把握。这就好像水流一样,随处委顿而无往不在自得之中,看似渊默却活力奔涌;静而未寂,动而忘为,故既可以称之为有,也可以统之于无,无即在有中,不离有而独存。

郭象的玄冥,也可用来解释庄子的"逍遥"。顺于有待而不失去所待,本身就是"无待而常通",故能"与物冥而循大变",有待与无待其实是不能分别的。有待蕴含着无待,有无都可统归于自然,自然也就是不须作为而自能、自得,有为即无为、有知即无知、有待即无待。每一件事物,每一个个体,都有这样一个既有还无的自然之性,也即自性。而"各安其性,天机自张,受而不知"(《逍遥游》注),顺从自性发展,不须刻意于知,就是独化的自我生长过程。

(二)知从"独化"

万物的玄冥之境同时也是万物的独化,由独化而玄冥,又在玄冥中得以独化。只不过玄冥凸显了群体的维度,而独化则透露着个体自性的涌现，而自性本身就全息般地包含了自我与群体的联系。如果说"无"是对玄冥的总体领会与描述，那么独化则可概括为"有"的敞显历程；无中蕴涵着有，有也包容着无。一个个体的独化，其中蕴含着此个体可能发展出的对其所处群体有所对待、有所依持的关系，而同时独化又是无待而然的。有与无统一于玄冥之境中，也同样随着玄冥在独化上的显现而得到再次的诠释。

独化是无待而自足的自我呈现，个性自我由独化而完成自己的轨迹，可称之为"所以迹"：

> 所以迹者，真性也。夫任物之真性者，其迹则六经也。……况今之人事，则以自然为复，六经为迹。(《天运》注)

因任自己的自然真性，率性直行，就是块然独化之所以成迹的导向。所以迹和迹的区别，就在于前者是动态的，是有因有循、有一定的或必然的指向的；而后者是静态的，是后验的，已经成为过往的知识被存留下来。在王弼那里，所以迹与迹的关系，就是意、象、言的层层递进。嵇康的自然与名教说也大体继承了如此思路。而在郭象看来，六经也同名言一样属于需要被超越的迹，透过迹需要明了的是自性的所以迹。但与王、嵇不同的是，郭象并没有把这个所以迹说得很明白。换言之，郭只是给这个所以迹留白为无知，即"不知所以知而自知"，而不是像其前人那样诉诸明确的轨迹，如意象言的结构或自然与名教的关联。在前人那里属于有的部分已经明朗，而在郭象这里则是混沌的，其中浸润着无知的意味。王弼、阮、嵇虽也在讲有的时候透露着诗性的无的意思，却终究把有无从语言上打断，故难免说得不透彻。郭象的有无冥合则是一次彻底的推进，他的"所以迹"就在无知而自知中得到了澄清。

由王弼的得意忘言，嵇康的越名教而任自然，到郭象的玄冥独化，无从外在于有，而逐步融合于有、浸透在有中。现象与本质在这个过程中渐渐合为一体，本质即现象，现象即本质，反映出魏晋玄学特有的灵动跳脱。这也成为玄学最为接近诗性的原因。到了郭象这里，由于有无的混融，其文句也一扫汉代以来滞涩，而转为扑面而来的清新。与此相伴的是，哲学思想也由拘泥于象数的沉重，替换为出入有无之间的洒脱。这一脉玄学之风可谓对中国哲学诗情主流的回归，也开启了后世情理之辨的先河。

四、余论

玄学中无论是"贵无"派还是"崇有"派，玄学最终还是回到如何沟通有无上。这从玄学的整体发展上看，自从王弼打通了有无之境，嵇、阮、郭象都各自发展出从无至有、从有至无两个不同的方向。落实在"知"的思想上，成就了无知而知的一套理论，也给魏晋时期的道家和释家的知论打下了基础。比如，僧肇的"般若无知论"几乎就是玄学无知而知的佛教版本。如果说郭象的独化论是不知而自知,强调的是在顺从自性中同时肯定有、无,那么僧肇的无知论就是一种相反的说法,在"物不迁""名不真"的对"有"的否定中,同时也否定了这个"有"的反面——"无"。当真有和真无都成了假的现象时,朗照出这假象的就是般若智慧,也就是真如的圣智。般若圣智在照见一切现象时不失其虚寂的本质,故能"实而不有,虚而不无"(《般若无知论》),以虚实接应于世间万象,而不陷于有无之中。

僧肇所讲的般若无知,是在主体的领域之内对外界的认知,因而可以视为一种认识论。但与流俗的认识不同,不来自客观的经验存在物,也就是不由"相"出发。"夫智以知所知,取相故名知。真谛自无相,真智何由知?"(《般若无知论》)这种"无相"之知就是用真智去观照真谛,真智其实无知,真谛也无相。换言之,真智是先于流俗意义上的主体的,真谛也不同于客观世界的存在物,真智和真谛只由观照的行为而自然分立。而这种观照是由玄冥虚无中投射出来,因而是无知的。与玄学不同,僧肇以佛家的真如体性,将魏晋的知论从现象界拉回了本体界。般若以虚寂的方式照见实相,否定把现象认作绝对的有、无,只以虚、实的关系得出"不知而自知,不为而自为"的无知论。可见,僧肇否认的是世俗认识中的实体有无,并非从主体观照上讲的虚实,而后者恰恰也是玄学所认同的。"实"就是意象、自性的"有","虚"就是理气、自然、玄冥的"无"。般若无知论虽是从佛家的本体论上去讲，其实与玄学一脉相连。

　　同样，葛洪作为道家在东晋时期的代表，提出了"知仙说"。他认为注重恬淡寡欲，向内索求，即可修成仙人。其中去欲、无心的修习法式无疑也受到了玄学的影响。如牟宗三所总结的那样，魏晋已出现了儒释道三教合流的倾向。这不但在于玄学思想对老庄的重新阐释，更重要的是，玄学的无知之知，不但为佛教般若思想奠定了基础，也为道教的内视修为开出了一片天地，在三教的汇通上起到了开山鼻祖的作用。

第五章
隋唐时期的"智"范畴

经历了两晋到南北朝的演变,萌生于汉末的道教已逐渐成势,佛教也从附属于玄学的般若学而发展成为大乘佛教的八大宗派,直至最后一派禅宗而完成了佛教的中国化。隋唐的哲学充溢着三教融合的氛围,自文中子王通提出"儒释道三教归一"说,以儒教为正统、统和佛道两教成为这个时期的主题。同时,也有儒家学者起来排佛,比如唐初的傅奕从佛教对政治经济的危害入手,吕才从因明逻辑上开始反攻;到了韩愈、李翱,争夺"道统",排斥佛、道的力度空前,反击的领域也深入到对仁、义、礼、智、信的重新诠释与建构中。这五个范畴本来只作为人的"才性",联系着五行的流通,而在宋代道学中却具有了人性论、本体论的高度,这种过渡其实正是在隋唐的争鸣中进行的。尤其在"智"的领域,道家与佛家各自在此范畴上建立了自己的理论,比如成玄英的"境知两忘"、智𫖮的"一念三千"、玄奘的"成唯识论"等,这成为儒家的机遇和挑战。面对佛教在"智"的建构上的领先,道教也对此遥遥取法,而儒家则在力排二教的过程中渐次充实自己，逐渐将"智"推上形而上学的理论层次，为后世的理学、心学打下了基础。

一、王通的知行论

王通谥号文中子，一生多有著述，然而流传下来的只有仿《论语》而作的《文中子》一书，其中记录了他与弟子的对话，共有十篇。他提出了三教归一的主张，也就是以儒家的"先王之道"为主，融合道家"至德之世"的目标，同时统摄佛教。在儒家的六经中，王通重视《易经》，在三才中，人统"元识"，而其关键在"易"，"故天地立而'易'行乎其中矣"。[1] 王通把法、教的地位摆在人之下，只要有人能够"通其变"，则天下没有坏法恶教。而人能通变的根本在"易"，只有精通了《易》，才能让人"知来""知神之所为"。(《魏相》《王道》) 可见《易经》在王通"知"论建设中的重要作用。

人的"元识"是人根本的"知"的能力，以此识知天地的运作、事物的周变。"元亨利贞。运行不匮者，智之功也。"(《问易》) 为了获得这种达于往来、通于神明的知，只能依靠积累和学习。王通在《礼乐》篇中指出，"天下未有不学而成者也"，要处于当今而知晓过去，居于近处而了解远方，必须经过学习

---

[1] 王通：《立命》《魏相》，《中说》卷八、卷九，《四库全书》第696册，上海古籍出版社1989年影印本，第565—573页。以下所引，如无特殊标明，皆自此本。

才能达到。因而,学习是进道的唯一通途;同时,道也贯穿在学习过程中,指导着学习。学的推进与道的体察是相互蕴涵和推动着的,构成一个始终相应的往复,犹如没有端点的圆环。

学习是这样一种行为,既以获知道义为目的,同时又在不断超越和创造着道义。因而,一次平面化的认知并不重要,在行动中不断加强学习才是根本,"知之者不如行之者"(《礼乐》)。然而学习的行为,虽从总体上说是为了实现道的目标,却也难免有着一些浅近的利益驱使作用。比如:"或安而行之,或利而行之,或畏而行之,及其成功,一也,稽德则远。"(《王道》)就某个切实的成功目的来说,各种不同目的下的行动达到的结果是一样的,但从德行上讲就差得远了。王通区分了两种为学的途径:"君子之学进于道,小人之学进于利。"(《天地》)不管在何种利益诱惑下,君子依然坚持以道为目的,这是治学的正路。或者说,学习是为了知道,这样才能与求道之路重合,而不是为牟利。不以道义为目的的学习行为只能离道越来越远。

因道为学,学以进道,学习与知道是一二相即而不离的关系。学习的行为更像是为知道不断打开新的领域,知引领着这种敞开的行为倾向,而行为则实现着知的指令。行虽是外在的表现,因而显得重要,但其实还是由知来最终统摄。如果失去了这种统摄,即便有行的外在表现,也依然不能通达道义。因而,"有行而至者,有不行而至者"(《周公》),可以行而至的必将是在知的指引之下,而不行而至的则是疏离了知的结果。

在知行一体的默契中，也隐含着"仁"的意义。"仁以守之，不能仁则智息矣，安所行乎哉？"（《问易》）唯有守仁，才能行智，知行的一体都须倚仗仁的持守。在《中说》中，王通再次强调了"仁以行之，宽以居之，深识礼乐之情"。在实际情感的把捉中，注重从宽、仁的体验出发，经过思虑，才会产生判断、发展和创造出礼乐，并用在行为中不断以此作为度量，使得"礼以制行"（《魏相》）。而在每一次的度量中，都蕴含着知的重新创造，知礼与行礼就在诗情的流淌中不断地相互作用和贯通，因而可谓知、行合流于仁的情感中。

仁是儒家最为本源的情感，以仁为知行的根本，也就把知与行放在了诗情的基础上，从而缩短了二者的距离。行为和知道以共同的仁的情感为本，在诗情之流中伸展出时间维度中的知行体系；在知的时间性维度中建立行，又在行的推动中重启知。从王通的知行观上看，知与行已经具有了一体同源的特征，这为三教融合，以及后来的儒家理学、心学的建构有着不可忽视的奠基作用。

二、智𫖮的"中""止"之知

隋唐时代佛学在知理论上的建设，主要集中在智𫖮的"中观""止观"和"一念三千"上。智𫖮是天台宗的掌门人，他继承了龙树的中观论，即把众多的因缘生法说成是空，众多的名称也都是假，知晓了空和假，便是符合了中道。而智𫖮则把这个中观发展成了"圆融三谛"。从万法都由心生上说,世间万物都是因缘的产物,也就没有自性,性空即是真谛;然而万事又有假象、假名,彼此之间相对而成立,这些相互有待而成立的现象又可称为俗谛;对真、俗二谛的"双遮"而又"双照",不落在任何一边,就是中道"第一义谛"。立足中道,才能"圆融三谛",使空、假、中互为映照。

中道是在对空和有的遮诠和表诠中证出的。遮诠是从否定的方法入手,一一排除,表诠则是肯定的阐发。所谓"双遮"就是对空、有的共同遮诠,而"双照"则是对二者的共同表诠。换句话说,中道就是从既不空也不有,同时又肯定既空又有的方式上得到的。空与有是圆融无碍的,空不是绝对的空,有也非绝对的有,空有相即而不相离,"当知一念,即空即假即中"(《摩诃止观》)。一念,也就是心发起的一次思虑,其中可涌现三千法界[1],即构成了整个宇宙。而这宇宙万象是由心中的一念同时产生的,"即"就是指心念触生万物,心有所触则由空入有,故即空也就是即有;但即使敞显为有,也不失"性空",有也是假有,因而即有也就是即空。既即假,又即空,也就是非假亦非空,这就是双遮、双照的从容中道。

在心对万物的观照中,可以直观出空、假这一对范畴,由它们又可以推出中道这个最

---

[1] "一念三千",即"心一时含一切法",是指一心作念时涌起的三千法界。宇宙首先被分为十界,各有自己的十如是,十界各自相通就构成了百界,百界又各有十如是,于是构成千界。每界有三种世间,于是一千界变换为三千界。

(《摩诃止观》)

终的范畴。可以说,空、假、中是万物的本质。它们一而三,三而一,一个概念可以涵摄一切世间法。说起空就是一切皆空,假也即一切皆假,中亦是一切皆中。三个概念成为规定世界的根本属性。

这三谛的圆融都缘于心发动念虑,构成并接触世界万物。心即物也就是发起直观,充实为三千法界,并在这种充分的充实中最终直观到三谛。因而,这个过程可以称作一个直观的认知,从直观中得到本质。得到本质的认知过程,关键在于两个方法,一个是止,一个是观。"止乃伏结之初门,观是断惑之正要;止则爱养心识之善资,观则策发神解之妙术;止是禅定之胜因,观是智慧之由借。"(《修习止观坐禅法要》)止是抑制妄想,使心念不漂移荡驰,观是在智慧的发动,引领出本质的敞显。般若的虚寂观照,在这里被分为止、观两种法门,相当于方法论上对有、无的分割。这在无知而自知的基础上更近一步,已能从方法上分辨出生有和返无的不同向度了。其实止、观本属一源,只是在生灭、有无的方法上有区别。而三谛圆融、中道、止观的提出,喻示着佛家的哲学已经脱胎于实质的体验,而转进于哲理上的思辨了。从诗情本源到本质直观的转变以及方法论的独立发展,意味着佛学的形而上学化,而这个进程也给儒家和道家带来了压力。

三、《成唯识论》的心识之知

玄奘是唐太宗时代的翻译家和著述家,译出从西域带回的佛经共七十三部,一千三百三十卷。他的佛教思想主要集中在晚年译成的《成唯识论》中,其中既包含着他游学印度时所收集到对唯识论作解的十家之论,也杂糅了自己的观点。从中可以窥得盛唐时期唯识论在中国的发展,尤其是其对中国哲学"知"理论的影响。

唯识论属于大乘有宗,它与宣扬中观的大乘空宗同样以"法相"(即众多的心、物现象)为空,但区别于后者的地方在于承认心识为"有"。"唯识"的意思就是,无论法相还是自我,都不能离开心识而存在,都是依心识而变化显现出来的。"我执"和外在的各种现象"色法"称为有为法,此外还有"真如"这样的绝对空虚称为无为法,而无论有为法还是无为法都属于外法,都是由"识"假设出来的。那么在否认了"实我"之后,肯定"诸识"的永恒存在,确立"八识"为绝对的有。由此建立起"万法唯识"的心识本体论,也是一套有关"知"的形而上学。

阿赖耶识是八识中最根本的,也是最具有能动性的一识。它具有三层功能:一是能藏,二是所藏,三是执藏。能藏是从主动的方面说,各种能引发行为的意识都被阿赖耶识主动地包含着。这些意识就是所藏的种子,而这些种子可以被第七识执着为我,因此叫作执藏。可见,阿赖耶识是涤除了各种相对自我之后的根本主体性,也就是自我意识的主体性,它可以随着具体情境而变换为诸多的相对自我,但这个主体性是不可绝除的,并独立于各个有限时空而永存。比如,一个人的一生可以视为一个相对主体,其时空有始有终，当生命走到尽头，这个有限时空就停顿下来；但阿赖耶识却不会消灭，它可以跨越相对时空的间隔，而不局限在一个人有限的生命中。因此很多人把它阐释为不灭的灵魂，但这个解释再继续牵扯到第七识的时候是有其困境的。

  这变换出来的自我就是第七识末那识，它把第八识根本主体的主动性，执着地认作是自我生成了"我执"。同时把第八识所藏的种子认为外在的境遇，于是发生了"法执"。在自我与外物的对立中，一切法相都出现了。末那识还有一个特点，就是能够熏习，既可以熏染后六识，又可以反过来熏染第八识的种子。经过熏习，第八识中的有漏种子会被染污；但同时，其中的无漏种子又会因此而增长。于是，第八、第七识构成了相互依存、互为因缘的关系。也就是说，第八识本有的能藏、所藏，以及执藏的结构，要依靠第七识的发用才能实现。熏习其实就是实际的藏的过程，只不过这个原始结构需要"我执"的作用来变现。我执虽然是对假有的执着，但却也是必须的，只有经过了我执之恶的染污，才能激发起无漏种子的反抗，在相互的作用中如水流般存续不断。然而从第七和第八识相互依赖的关系上看，第八识并没有脱离一个肉身"我"的发用而独立实现。换句话说，如果人死了，末那识的我执不复存在，那么熏习作用也就停止，两种种子不再相互影响，阿赖耶识只剩下一个空架子，又如何继续存在？因而，如果说到第八识，倒不妨将它理解为嵌在第七识里的形而上的结构，而非实体性的、游走不灭的灵魂。

因此，诸识其实是一种哲学形上学的建构，而非辗转反复的游魂。诸识的对象域是整个社会的意识形态结构，阐述诸识是为了文明的历史进程，而非为了某个人的投胎转世。成唯识论的特色是，承认恶的必然性，见恶而起善。这并非是说心性本恶或本善，因为善恶只是俗谛，依识而存在。但也不能说心性无善无恶，因为无论说有还是无，都是"有性"，只有"唯识义成，契会中道"。(《成唯识论》卷七)或者说，唯识只是一个知善、知恶的形而上学结构。也可能因此，近来有很多把它与现象学的意向结构进行比较。不可否认，玄奘引进成唯识论，是印度佛教与本土哲学的成功结合，很大程度上是在突破了大乘佛教中观的基础上，向中国哲学中本源主体性结构的回归。比如，根本主体性阿赖耶识的能藏、所藏和执藏，其中蕴含着知来、藏往的时间性结构。能藏是向意义世界的伸展，犹如主体在打开一个时间中的世界，也就是知来；而所藏是对已发生的意义进行贮存，也即藏往；执藏则是我执的倾向，以此才能构筑意义。这个构建意义的结构，很类似正始玄学意—象—言的递进，而中国佛学发展至成唯识论，其实也正是拨开空、有等迷雾，回到中国哲学诗性知论的过程。

四、韩愈的知性而知道

韩愈是唐代"孔孟道统"的忠实捍卫者，提出了一套天道性命观，并以仁义道德与之相应。知天道也就是知性命，所要经由的路径是:"博爱之谓仁,行而宜之之谓义,由是而之焉之谓道,足乎己而无待于外之谓德。"(《原道》)扩充自己的仁、义、道、德就是知晓性命天道的通途。换句话说,天道性命是通过"知"而贯通起来的。

韩愈的知论在他与弟子李翱合著的《论语笔解》中有着比较集中的体现。比如,对孔子的"五十而知天命",韩愈注道:"仲尼五十学易,穷理尽性以至于命,故曰:知天命。"对子贡所称"夫子之言性与天道,不可得而闻也",韩愈注:"性与天道一义也。若解二义,则人受以生,何者不可得而闻乎哉?"这里点明了道与性在意义上的一贯,并且是通过"知"来贯通的,即通过知性进而知道。李翱对韩愈的注做了进一步的解释:"天命之谓性,是天人相与一也。天亦有性,春仁夏礼秋义冬智是也;人之率性,五常之道是也。"他继而肯定了子贡对孔子由知性进于知道的理解。韩愈、李翱都不否认孔子的确有性与天道之知,并且也对弟子表述过这种思想。比如在《子罕》的注解中,韩愈又明确表述:"仲尼罕言此三者之人焉,非谓罕言此三者之道也。"李翱接着解释:"仲尼凡于道则无不言,但罕有其人,是以罕言尔。上篇云:必有之,吾未之见。此罕言之义。"也就是说,对于性命天道这类话题,孔子从不少说,只不过知晓性与天道的人太少了。孔子很少提到的只是知性、知道的人,可以通过知性进而知道,在此又得到了肯定。

韩愈所谓"知"有着清晰的时间性。在解释孔子的"温故而知新"时,韩愈注道:"先儒皆谓寻绎文翰由故及新,此是记问之学,不足为人师也。吾谓故者,古之道也;新,谓己之新意,可为新法。"李翱称,知新就是"告诸往而知来者"。二人都把由古到新的历史推进,置于自我主体的"知"中,透过知打开了时间维度,并把主体的"新意"投到"新法"上去,新旧世界的交替由此被给出。因而,知有着应时而变的意义。《公冶长》中有:"子使漆雕开仕,对曰:'吾斯之未能信。'子说。"韩曰:"未能见信于时,未可以仕也。子说者善其能忖己知时变。"知特有的时间性,赋予主体灵活应变的能力,时间性是知的形而上学建构的本源基础,使主体在天道性命的通晓上具有了诗性的特征。

知的诗性特质在韩愈的《原道》中有了更深的体现,尤其在"仁与义为定名,道与德为虚位"上。何为定名和虚位?杨诚斋的注释是:"道德之实非虚也,而道德之位则虚也。韩子之言,实其虚者也。"也就是说,仁义的实名充实了道德的虚位,道德从实质上说不虚,因为仁义充实了道德的内容,所虚的只是"位"。换句话说,仁与义是实然的,有名必有实在与其对应。普遍广泛的爱是不虑而知的,这是一种实在;把仁爱推行至所及之处,使万物得其所宜,这也是一种实在。然而虚位仅仅是框架,以此架构起实在的概念体系,使万物在此体系中得到位分。道是由仁到义的通途,其中蕴涵着从忧患恻隐的萌发到"行而宜之"的安愉、忧愉两情的转变意味着时间性的敞显和主体性的确立,这个整体的过程就是道。德是从主体性上说,"足乎己而无待于外"是指主体的自身具足,因为由仁而义的转换本身就是主体性的挺立过程。这两个定名都是由主体所给出的,可以说是主体所固有的,而不须有待于向外的索求。如果说道与德搭建起了主体性确立的结构,那么仁与义就是填补这个结构的实质与相应的名称;而如果说仁义是毋庸置疑的实情的话,道德就是嵌入其中的骨架。不能通达于仁义的道德,则不是韩愈所谓的儒家之道德。因而这句话常被认作韩愈排佛老的精髓所在,唯其突出了仁义的定名性,才映现出道德的虚位性;佛老之言是把虚位当作实在的虚,因而不能给定名留出虚位,也就是把虚无实在化了,这将导致彻底的虚无。

对实虚分际的重视同样体现在韩愈的《原性》中,他把人性分为三品:上品为善;下品为恶;中品可上可下,需要引导。性由五常构成,品的高低由五常的关系决定,"主于一而行于四"的为上品,其余的就归于中品或下品。可见,知性就是了解构成性之五常的关系如何,这个关系也就是架构五常的框架,而这个关系正是道的表达。因而,通过知性而知道就可以理解了。由此也可见,善与恶是由框架性的关系决定的,而不是实在的。知道也即理清了关系,从而通往了善,否则即通往恶。善恶在知性而知道的过程中呈现,它不同于仁义礼智信这实在的五常。

韩愈的知论富有形而上学的哲学意味,这或许受到了佛学的影响。但他最大的贡献在于对虚实的区分。在区别了作为知论架构的虚位之外,他凸显了五常的实在性及其在儒家思想中的奠基性地位，这是难能可贵的，也为后来的宋明新儒学打下了坚实的基础。而同时，他在把性、道进行抽象的形而上学化的过程中，无意中也疏离了仁义等实在的本源意蕴，容易导致后世的解释者对本源蕴含的时间性及发生结构的遗忘，以致其后的宋明儒学也渐渐远离了早期中国形上学的气韵灵动。

五、成玄英的"境知两忘"

在韩愈的定名与虚位的划分中，儒家知论开始脱离了仁义的实在存在，独立为抽象的虚位结构，从而不可避免地倒向了佛家式的哲学形上学。如果说这个时期的儒家偏向"有"的抽象建构，那么道家依然保留着其向"无"的回归倾向。由于这种"趋无"的取向是实在的，而非反思中的结构性的，道家的"知"范畴难以去除实在的价值意蕴。比如说，韩愈的"善恶"这对范畴是结构上的"道德"所决定的，而不同于"仁义"这样的实在价值；而在成玄英所解释的《庄子》里，结构性的"重玄"（玄而又玄）就蕴含在道德之境中，本源的存在与语言以及哲学的建构并未分开，也就是思与在的合一。相比较韩愈，成玄英的这种"思在合一"似乎更接近中国哲学早期的形而上学。当然，成玄英的道家思想也汲取了佛学形而上学的一部分，使其哲学建构又不同于早期的道家，而有着更多形而上的意味。

(一) 真知合道

成玄英在《庄子序》中,以理、事之分概括了《庄子》内篇、外篇和杂篇的主题结构。

> 《内篇》明于理本,《外篇》语其事迹,《杂篇》杂明于理事。《内篇》虽明理本,不无事迹;《外篇》虽明事迹,甚有妙理。但立教分篇,据多论耳。[1]

理与事是本和末的关系,但二者相互关联,理不离事,本由末显。理与事犹如本体和发用,本体包含各个范畴,如"逍遥""齐物"等,事迹则是种种象征,诸如"马蹄""骈拇"等。理还有"道"的涵义:

> 一,道也。事从理生,理必包事,本能摄末,故知一,万事毕。(《庄子集释·天地疏》)

道、理都是指同一个"本",也就是"一",知道也即"知一"或"冥真合道"的真知。真知也称为"不知之知",以区别于流俗的分别之知——俗知。唯有绝除是非分别的浅薄之知,才能"合太一于玄道"(《庄子集释·列御寇疏》),达到真知。

---

[1] (唐)成玄英:《庄子序》,载《庄子集释》,(清)郭庆藩撰,王孝鱼点校,中华书局2006年版,第7页。

率其真知，情无虚矫……既率其情，其德不伪，故能超出心知之境，不入是非之域者也。(《庄子集释·应帝王疏》)

真知就是超越流俗的心知，摒除是非的争端，最终进入玄而又玄的道德之境。真知是通过不起心动念的止息、恬静的修为而获得的。在这个方法上，成玄英援用了佛教以万境为幻的思想，提出了"境知两忘"说。

(二) 境知两忘

成玄英所谓的"境知两忘"也就是把能知的主体和所知的客体一同排除，即"内去心知，外忘事故，如混沌之无为，顺自然之妙理也"(《庄子集释·刻意疏》)，从而使得外在客体和内在主体共同消融、冥合于空无的道德之境。这里的能知和所知，都是指有分别的俗知，能知是这种俗知的主体，所知是与之相应的外界的事物迹象。如果一同认可它们为有，就流于是非的外在境域，而只有将它们一同排除，"物我双绝"，才能冥真合道，达到真知。

因而，真知就是无知中的知一、知道："不知而知，知而不知；非知而知；故不知而后知，此是真知。"在遣除了世俗的能知与所知之知后而达到的真知，其实是知与不知的通而为一。对俗知的遣除，是由通晓其所不能达到的真知决定的。这是庄子在《齐物论》中的"知止其所不知，至矣"。成玄英对此的解释是：

"夫境有大小，智有明暗，智不逮者，不须强知。故知止其分，学之造极也。"知道每一种俗知的所及与所不及，就是"知止其分"，对于分外的不要求强知，知所不知，就是真知。可见，真知并非要求完全不进行外在的认知，而是了解每种知识所止的位分，分清内外的层次。这种不知之知，其实还是知。

真知所要求忘记的，只是分外的俗知，比如是非纷争等领域。它所肯定的是分内之知，只要知能止于其分，则所有的所知都可以在不知的真知中得以相通。比如，鱼在水里，鸟在天上，各自虽有其分，其各自的知也可以相通于不知。由不知的本源境域中，由主体的确立而获得能所之知的位分，因而各种彼此之知都可以在不知中相互通达。由不知而进入知，也就是主体的挺立，从此得到相应的时空领域范围。而这些相对的时空领域都可以重新回归本源，再由不知的真知重新给出。主体和客体的共生，也就是能知去不断地观照所知："一知，智也；所知，境也。能知之智照所知之境，境智冥会，能所无差，故知与不知，通而为一。"（《庄子集释·德充符疏》）主体（智）对客体（境）的观照，也就是从无知、真知中确立起对象的时空范畴，从而了解主体与客体各自的位分，不越位分即为境智的冥合。而主体性是由诗情本源的不知之知向俗知境域兴起的时间性所决定和给出的，俗知也由不知而得到通达。境知的两忘也就是境知的共生，忘也就是知，知与不知由此合一。

由隋唐时期知范畴的发展可见，儒家在排佛的过程中，其实已不觉融入了佛教的哲学构思；而道家则在融合佛学的同时，依然保留着贴合本源的叙述样式。这使得道家在知论的建构上,反比儒家更接近中国哲学早期的诗性样态。然而道家逐渐式微,与此相伴的是宋明儒学的勃兴,这似乎预示着哲学发展上的理性化趋势。而在此过程中,诗情本源虽隐而不彰,却也未尝决绝远离,儒家的情感之学只是以不同的样式得以延续下去,并期待着复苏。

第六章

宋代的"智"与"知"

宋朝的学术思想发展具有融合三教的特征,在吸取了佛、道两家的基础上,宋代的新儒学打出了"道学"的旗号,重申儒家的天道性命等观念,只不过吸收了更多道家思想,发展出了精致而庞大的理论系统。主要分为理学与心学两大支脉。从学派上,宋代的道学大体可分为濂、洛、蜀、关、闽等各大派。其中,周敦颐开创的濂学搭建了道学的基本框架,二程兄弟的洛学、张载的关学、朱熹的闽学开创了理学的思想体系,而苏轼的蜀学于洛学之外独辟蹊径,陆九渊的心学则与程朱理学互不兼容。而不管是哪个学派,都在"智"与"知"上有着相似的认同,即"智"为形而上的德性,"知"是这种性体的发用流行。关键在于,"知"究竟如何在发用流行中体现"智"。本着《中庸》《大学》里"致知""知性""知天"等关键概念,"知"的理论建构得到了前所未有的深入发展,并与"行"结合为独特的知行思想。"知"范畴在宋代形成了一个比较完备的学术体系,代表着中国哲学的高峰。

一、邵雍的"观物"之知

宋朝的道学总体上是以《周易》为基础,围绕其中的形而上学与形而下学,建立起宇宙论和心性论。邵雍以其继承的"先天图"为核心,[1]建立了一套先天创世学说,但接着就把这套宇宙论收拢在主体的"观"中:

> 是知古亦未必为古,今亦未必为今,皆自我而观之也。安知千古之前,万古之后,其人不自我而观之也?(《观物内篇》)
>
> 人身天地后,心在天地前。天地自我出,自余何足言。(《伊川击壤集·自余吟》)

并非有亘古不变的客观历史,历史只在主体的视域中存在。时间上的历史更迭与空间中的天地万物,无不处于自我的观照和知解中。而这个自我集中在圣人一身,因为人是物中"至物",而圣人是人中的"至人",可以通观万物、博贯古今。

> 圣者,一以观万,心乎心,身乎身,物乎物,世乎世,通乎万而会於

[1] 邵雍从其师李之才那里继承了《河图》《洛书》《宓羲八卦》《六十四卦图象》,据说再传自陈抟、穆修。邵雍认为他的"先天图"是伏羲八卦,而非说卦所载的后天的文王八卦,以此创立了他的"先天学"。

一也。盖其心即天心,而代天之意;口即天口,而代天之言;手即天手,而代天之工;身即天身而代天之事。(《观物内篇》)

圣人代表众人成为集体性的主体,通过这个主体可以"反观"天地万物的实情,而反观的关键在于"以物观物"。

圣人之所以能一万物之情者,谓其圣人之能反观也。所以谓之反观者,不以我观物也。不以我观物者,以物观物之谓也。(《观物内篇》)

而所谓的"以物观物",也就是不"以目观之",也超越了"以心观之",而最终达到"观之以理"的境界。在主体视域中敞开的时空里,万物与主体成为相互对待的存在者,展现在主体的目光中,也存在于主体的心智中。然而以目光和心智来观看和思考还不够,只有回到"理"才能完全理解物的存在。这既是以理观物,也是以物观物。主体在"理"的观照中回到了物与我的浑然不分,类似庄子的"吾丧我"(《庄子·齐物论》)。或者说,"以理观之"就是物我融合的本源之知。

知理意味着于天地鬼神之间无不通晓,因而也就在动念起心之时能够克制私欲。这里邵雍区分了人的知和鬼神的知,属于人的知也就是心智,是对世界中可见事物的认知,因而只要"形于言，发于行"，就可以完全知晓；而属于鬼神的知，只要"萌诸心，发于虑"，就能被鬼神知道。因此君子必须"慎独"。(《观物外篇》)所谓鬼神之知，其实就是超越了可形可见世界之外的"理"的领域，只能通过与外物相冥合的"理观"才能达到，而这种观照就是主体的自我消融、与物浑然一体的本源直觉。也只有从这种诗情之知中才能继续不断地确立起主体，并由此思接千载、视通万里。

通达于本源之知的方式是慎独、养心，以至于"鬼神不能窥"："是故知圣人所以能立于无过之地者，谓其善事于心者也。"(《观物内篇》)圣人的用心，就是回归本源并从中确立主体的往复不绝的过程，也是不断地从本源之知中建立形上之知的过程。这个形而上的知就是圣人主体的心知，而本源之知则是理知，由理知中建立起心知，再扩充为形而下的各种有形的心智。那么，理知—心知—心智就构成了邵雍的知理论的建构。

二、周敦颐的诚、几之知

略似于邵雍的"先天图"，周敦颐同样提出了"太极图"，并发展出一套解释它的理论《太极图说》。其中主要是以太极、阴阳、五行为中心而展开的宇宙论。宇宙生生不息地运行，其根本的依据是"无极之真"的理。在人的生成中，这个理也就随之灌注到了人的本性中，成为"五常"。五常的本源是"诚"："诚，五常之本，百行之源也。"(《通书·诚下第二》)换句话说，人是通过"诚"来感应到"无极而太极"，以及"二五之精，妙合而凝"的宇宙生成过程的。"诚无为，几善恶"，诚是寂然不动的"无"，几是善恶初生、事物萌发于有无之间的精微，而这种动而未形的精妙源于"动而无动，静而无静"(《通书》)的神。诚、神、几是成为圣人的必备因素，也是圣人得以通观天下将宇宙收摄于一心的必要条件。

这样，周敦颐和邵雍一样，把宇宙的生成论统摄于诚、神、几的养心功夫中。由于人是万物中最为灵秀的，人一旦被赋予形迹，就可以用心知与天地鬼神相通，以神知理解天下万物的生成。人的五常之性由诚来统率。"圣人定之以中正仁义而主静，立人极焉。"(《太极图说》)以静为主，就是以诚的无思为本，而当诚一旦感而遂通，发动为"五性感动"，继而"神发知矣"。从感到知的中介就是几，通过几而可以知善、知恶，了解外界事物的兴衰成毁。"几动于彼，诚动于此。"(《通书·诚几德第三》)也就是说，诚在我而几在物。几之动对应着外物的萌生，与诚之动而神相对应的则是自我的挺立。由诚而神确立了主体性以及五常之德，而几给出了外在的善恶标准。换句话说，诚、神是从无中确立起具有德性的主体，也即从诗情之知到形上之知；几是从五常之德中发展出善恶的现实尺度，因而是从形上之知到形下之知的充实。诚—神—几这套养心之术，其实也就是本源—形上—形下之知的建构。

养心的办法在于主静而寡欲。寡欲是通往诚的功夫，它不同于枯死寂灭的泯绝欲望,而是在动静之间的"乾乾不息"(《通书·乾损益动第三十一》)。

> 无欲则静虚动直。静虚则明,明则通;动直则公,公则溥。明通公溥,庶矣乎?(《通书·圣学第二十》)

寡欲的功夫是指心思在动静之间保持虚而直的状态,虚就是摒除私意和杂念,回到至诚无欲的本源境界,并由此而可以明白通达,自由无滞地知通上下。由诚的无思无欲感通五常,由此而知形而上的中正仁义;再由五常的中正指向现实中的善恶刚柔,确定形而下的价值标准。

> 刚善,为义、为直、为断、为严毅、为干固;恶,为猛、为隘、为强梁;柔善,为慈、为顺、为巽;恶,为懦弱、为无断、为邪佞。惟中也者,和也,中节也,天下之达道也,圣人之事也。故圣人立教,俾人自易其恶,自至其中而止矣。(《通书·师第七》)

诚心的感通,指向以五常为主的中和正直,表现在行为上就是刚善与柔善,反之为恶。由诚—神—几构成的养心功夫,也是本源之知—形上之知—形下之知的基本框架,代表着宋代理学的开山之作,奠定了理学的宏观基础。

三、张载的"尽性"之知

张载继周敦颐之后,成为宋代理学家的第二位重要代表。他提出了"气本论",以无形的"太虚"为气的本体,其中开始了变化、聚散,产生了形态,人也对此产生了感觉和识知。如《正蒙》所述:"太虚无形,气之本体。其聚其散,变化之客形尔。至静无感,性之渊源。有识有知,物交之客感尔。"知不同于无感无形的太虚本体,"知"的产生是在感觉与外物相接触之后的事情,更接近"太和"的意义范围:

太和所谓道。……其来也几微易简,其究也广大坚固。起知于易者乾乎!效法于简者坤乎!(《正蒙》)

如果以太虚为"无",那么太和就是"有"。王夫之解释道:"太和之中,有气有神。神者非他,二气清通之理也。不可象者,即在象中。阴与阳和,气与神和,是谓太和。"[1]太和既包括阴阳二气,又包涵二气之所以能够清明而通正的理,理在气中与气相和就是太和。气的清通在于阴阳交感,阳之动的发端是由易而知,阴之静是效法于阳,表现为由简而能。易知也是乾健之德,简能则是坤顺之德,太和也可称为健顺之理。或者说,健顺也就是易知和简能之理。

[1] 林乐昌:《正蒙合校集释》上,中华书局2012年版,第8页。

在与外物的接触中，易知的最初感觉逐渐扩充为"广大坚固"的知识，形成了关于外界的客观知识。虽然是客观外在的知识，但也不离开无感无知的太虚本体，有知与无知统一于"尽性"，《正蒙》称为"惟尽性者一之"。换言之，张载的"知"思想可归为"尽性之知"。

(一) 德性之知与见闻之知

在张载看来，"知"是后发的、经由感通而来的器用层面的认识过程，那么也就不能脱离外在的客观事物。因而，知的起点是"见闻之知"："耳目虽为性累，然合内外之德，知其为启之之要也。"就是说，见闻之知是启发德性之知的必须门径，这样才能通有无、合内外，达到尽性的目标。然而德合内外又非闻见所能局限："世人之心，止于闻见之狭。圣人尽性，不以见闻梏其心。"（《正蒙·大心》）德性之知并非从耳目见闻中得来，而只能以"心御见闻"，达到"内外之合"的目的。这需要从"尽心""尽性"的功夫中寻求，心可以统御性与知觉，因而尽性在于尽心。德性之知是从心对见闻之知的控制和超越中获得的，这个尽心的过程也就是尽性。

尽性的功夫与穷理的功夫是相互给出的。"'自明诚'，由穷理而尽性也；'自诚明'，由尽性而穷理也。"（《正蒙·诚明》）穷理是穷究万物之理，理则是客观存在于外物之中的，只有广泛地接触外界，超越感性知觉的局限，透彻地了解其中所含的理则，才能在穷理的同时尽性。如陈来所指出,张载坚持的是"自明诚"的穷理尽性之路,[1] 由此获得德性之知。

德性之知以见闻之知为起点,但终须依赖心统性情,通过心对性与知觉的驾驭,达到尽性的目的。尽性也就是尽德性,而尽性就在尽心的过程中完成,因而德性也就体现在心如何统御性情的功夫中。这个功夫就是脱离于闻见之累,而复归于湛一之性。但超脱闻见不是一蹴而就,而是由细致周详的穷理逐渐循而得之的。"循天下之理之谓道,得天下之理之谓德。"(《正蒙·至当》)张载在讲"道"时多指"用"的方面,而"德"则专指"体"的方面。如:"神,天德;化,天道。德,其体;道,其用。"(《正蒙·神化》)那么,穷理是指"变化气质"的"用",所穷之理则是神或"天德良知"的"体"。体也称为"一",用也称为"两","一故神""两故化","感而后有通,不有两则无一"。(《正蒙·参两》《正蒙·太和》)所谓的"两"也就是"虚实也,动静也,聚散也,清浊也,其究一而已"。换言之,两就是指阴阳两端,相感而产生了动静、变化,而在"湛一之性"的统御下最终回归这个良知之体,这也就是从见闻之知到德性之知的超越。

由此也可见,体就在用中,"两不立则一不可见,一不可见则两之用息"(《正蒙·太和》)。没有细致穷理的感化,就不能通达于湛一而神的本体;也只有由神而化,产生出阴阳两端。神、

---

[1] 陈来:《宋明理学》,辽宁教育出版社1991年版,第70页。

化如同一物两体、统归于气，穷神知化、穷理尽性就是太和之道，德性之知的获得也就是知太和的整个过程。"太和"这一总称，即蕴含了形而上的本体和形而下的器用，成为德性之知与见闻之知的共同本源。体与用的界限在太和之知中渐渐隐没，并被一同熔铸成了一套本体论的语言，这也意味着以形而上学叙述本源体验的开端。

(二)"以性成身"而非"因身发智"

德性之知与见闻之知虽然在太和这个本源上可以契合起来，然而毕竟有着明确的分疏。张载的《西铭》在"民吾同胞，物吾与也"这句里面，其实已经将士与民区分开了，只有士才具有"天地之塞吾其体，天地之帅吾其性"的资格。朱熹对这句的解释是：

> 塞，如孟子说"塞乎天地之间"。塞只是气。吾之体即天地之气。帅是主宰，乃天地之常理也。吾之性即天地之理。(《朱子语类》卷九十八)

以天地之气为我的身体，充塞在天地之间；以天地之理为我的德性，发挥主宰万物的作用。这样一个绝对的主体性能使天地间的万民成为自己的同胞。那么很明显，民自身是不具有这种主体性的。张载在《正蒙·大心》篇中再次澄清了士有"知"而民

无"知"的观点:

> 成吾身者,天之神也。不知以性成身而自谓因身发智,贪天功为己力,吾不知其知也。民何知哉?因物同异相形,万变相感,耳目内外之合,贪天功而自谓己知尔。[1]

士人因为有了德性之知,才能"以性成身",他们知道身体的知觉只不过是因天理德性的发用而显现的,因此就不会"贪天功为己力",而将自己的闻见之知当作最终的依据。民就不一样了,容易受到外在事物的同异变迁的牵引,而把一己的耳目见闻当作"智"的来源。这是由于民不具有德性之知,只能凭借自身所赋的气禀厚薄为智慧高下的依据。这就是说,民智需要士人君子来开发和裁决,民自身不具有认知和价值判断的资质。他们如果得到了肯定,就会认为自己智慧高明,得到否定则自认卑下。然而这种肯否判决的权力掌握在士人那里,因为这些人具有德性之知。士对于民智的引导权与最终裁决权,取决于引导与裁决者是否能做到"以性成身"而不是"因身发智",也就是德性之知对闻见之知的超越和决定。

由此也可看出,德性之知与闻见之知原本只是哲学层面上的体—用之分。然而落实在特定历史情境下的社会生活样态中,就体现

[1] 张载:《张载集》,中华书局标点本1978年版,第25页。

在阶层的划分中，不同阶层成员的身份认同中已经蕴含了在"知"的资质上的根本差异。这种差异贯穿在古代中国社会的"四民"结构中，士是唯一具有德性之知的阶层，而民、工、商只具有闻见之知。这决定了他们在精神上受到士的引领，在政治上由士人群体来统治管理。这种"精英主义"的格局持续到近代以前，一直凝聚在"知"的传统理论建构中。

四、二程兄弟的格致之知

宋代理学的创立正式开始于程颢、程颐两兄弟。程颐首推《大学》中的格物致知："致知格物，所谓本也，始也；治天下国家，所谓末也，终也。"[1] 治国是致知的终点，但并非目的，知的目标是其本身，也即对天理的体知。要达到这个目的，二程各有不同的进路。按通常的说法，程颐奠定了理学的基础，重视格致以穷理，侧重发扬了张载的"德合内外"，渐进地从见闻进入德性之知。而程颢则开启了心学的源头，讲求精一执中、存理去欲的功夫，提出了不役于外物的心性功夫。不论是内、外相合，或是内、外两忘，二程各自采取了由外推致和内求定性的两种致知方式。总体上，程颐论"知"较程颢更多，并把知、行结合起来，把行之难化解在知之艰中，知的地位得到了重大提高。

---

[1] 程颢、程颐：《二程粹言》卷一，《二程集》，王孝鱼点校，中华书局1981年版，第1197页。

(一) 体用一源，显微无间

张载提出神与化合一的"太和"思想，在这个基础上，程颐进一步融合了体用，提出"显微无间"的观点。[1]程颐结合了他对《易经》中象与理之间关系的理解，以象为用，以理为体，体在用中，得出了显现与隐藏密切交融、难以割舍的结论。凸显出来的象相当于现象包括具体的事物和事用，理就隐藏在其中，不离开事而独存。他以心的未发为寂然不动之体，已发为感而遂通之用。[2]这并不是说，《系辞》中所说的"寂然不动"就是那个体，"感而遂通"则是相应的那个用。不存在一个静而不动的体以及动而不静的用，体的静就在用的动中。体虽寂然却无不在感通之中，未发的静就在已发的动中，而且感通的动也是寂然之体的呈现样式。体与用都是即动即静、寂然而又感通的，体用同为实在的存在，并且在存在的同时无时不在活动之中。

体、用共同的源泉，因而本身具有活动的性质。程颐肯定了《周易》中"生生"与"变易"的精神，他认为天下事物没有能够不变的。"唯随时变易，乃常道也。"(《周易程氏传·恒卦》)变易的常道是显示出来的用，应符合"发而中节"的"和"，而这个"和"是由未发的"中"决定的，"中"使得一切事物的变化都合乎天理，因此"致中和"就是"达天理"。(《河南程氏遗书卷》

---

1 / 程颐："至微者理也，至著者象也。体用一源，显微无间。"《易传序》,《二程集》，第582页。

2 / 程颐："心一也，有指体而言者，寂然不动是也。有指用而言者，感而遂通天下之故是也。"《与吕大临论中书》,《二程集》，第609页。

十五）体会到万物和自身的变化之道，也就是通达天理的"致知"，这是在变化中求得不变的本体。这个本体既是自性，也是天理。性理的相互结合是在伦常日用中体会出来的，唯有在变中把握不变，在动中体知寂然不动，"言和则中在其中矣"（《遗书》十七）。在由和到中的体知中，才能理解体用一源的涵义。

（二）由格物而致知

体用一源是在"致知"中得到把握的，其完成的途径则是通过格物而穷理，由穷究个别事理到通达天理的过程。程颐认为，眼前出现的一切都是"物"，而每一物都有其特殊的"理"；格物就是要穷究每个物中各异的理，因而格的方式也各有不同。有的是客观事物的理则，如水之所以冷而火之所以热；有的是日常的伦理，比如父子君臣的关系；有的也是指自身的意识，这时所要穷究的只是深切体察自己的思想是否合乎礼义。

如此一来，为达到致知的目的，格物的方法最终落实到了对自己心意的体察上。"致知在格物，格物之理，不若察之于身，其得尤切。"（《遗书》十七）事物中的万殊之理不可能究尽，然而在日格一物的细究中，终能达到一个跃升，即从外在"物交物"的闻见之知超越到脱然贯通的遍知遍察。这种"知至"是自我德性与普遍天理的冥合，它已经超离了对事物的认知，而进入了对天理与自性的共同觉知。

> 何必浮图，孟子常言觉字矣。曰："以先知觉后知，以先觉觉后觉。"知是知此事，觉是觉此理。(《遗书》十八)

所谓的知至，其实就是超越了事物认知的对理的觉知。数十年的闻见经历，也许"一日念之，了然胸中"，即在一念之间达到了这种超越。由于这种超越的觉知是自我德性与天地众理的共通，既是穷理，也是尽性、至命，因而是对内外之知的合同体悟，既可由外至内推知，也可自内省而得知。

> 自其外者学之，而得于内者，谓之明。自其内者得之，而兼于外者，谓之诚。诚与明一也。(《遗书》二十五)

这两种途径其实是一回事，程颐虽注重外在的穷理，但也承认内在涵养性情对洞察天理的重要性。制外是手段，安内才是目的。内心一旦开悟，就可以轻松愉悦地把握真知："得之于心，是谓有德。"(《遗书》十五)得于内心体现出了天理的易知特性，犹如自己用手举起物体的恬然自在；它与思虑的滞涩艰难不同，后者更像手里拿着一物去取另一物，而自得于心则如同以自己的手去托举，因此才能轻而易举。由此可见，得是虑的进阶，首先须从思虑开始，继而才能进入得心应手的境域；而如果没有思虑在先的准备，也将无法进而至于随心自得的境界。这就好比格物是致知的条件，而致知也是格物的目标和向导。不过，格物致知一体同源依然是二程的共识,这就与继两人之后的朱熹对格致的分析有所不同了。

(三) 知深而行至

程颐在格致的基础上,进一步辨别了知与行的关系。他颠覆了以往认为知易行难的论断,提出"行难知亦难"(《遗书》十八)的观点。常人认为行比知更难,是因为不了解知有深浅,知得浅便觉得行难,而当知得深入,再去行就十分简易了。这其实是对《易传》中的易知简能的一种发挥,易知必然伴随着简能,否则只是未能心得而已。程颐区分了"得而后动"与"虑而后动"的不同:在前一种情况中,内心已经获得了真知,也就是"得在己",这时再去行动就轻而易举;而在后一种情况下,"虑则未在己",后续的行动就更为艰难。(《遗书》二)知到达了深入的程度,就是由虑进于得,也是困惑解除、获得真知之后的德合内外。一旦体知到了天理,则不须勉强用来指导行为,而是依自然而行。从易知到简能,是在愉快的心境中进行的,因而"乐"也就是"知"的最终境界。

> 知之者,在彼而我知之也。好之者,虽笃而未能有之。至于乐之,则为己之所有。(《二程外书》卷二)

这里的"知"并非至知,因为尚未达到自得的境界,而到了

"乐"才是自得于心。"乐之"既是获得天理德性之知，又是自然的循理而行，毫无勉强。"古人言乐循理之谓君子，若勉强，只是知循理，非是乐也。才到乐时，便是循理为乐，不循理为不乐，何苦而不循理，自不须勉强也。"(《遗书》十八）若只是知道循理，到行为中尚且勉强；而当乐于循理时，行为自然会循理而为，否则便不乐。这里的知是脱离了内心的价值取向的，没有在情感中取得认同，只是干涩的客观知识，属于思虑积累的阶段。乐则与心中的忧愉两情的转变息息相关，在安乐愉悦中自觉体认到的良知天理，才是得之在己的理。这时，知理也就会自然循理而行，由知到行都符合易、简的原则。

二程兄弟都持有其诚敬与和乐的心性境界观。只不过程颐更多地与格物、致知、穷理等范畴结合起来，然而最终依然回到了其兄所倡的安乐心境。或许程颐也领会到，唯有与心中活泼灵动的体验相结合，才能使真知得之于己。乐的情感体验也是诗情的本源体验，在其中体认得到的天理、性、命，也就是从本源之知中建立的形上之知。由此定位出更多的形下之知，比如各个事物的物理性质，又如君臣父子的伦理关系等。本源之知在程颢那里更受注重。程颐则选择了一条更加曲折的道路，由各种具体的认知路径依次格致，直到德性与天理在安乐的情感中交融。或者说，天理是对本源诗情形而上学的表达，是情感的价值认可。如同肯定了诚敬和乐的本源情感的实在性，二程也肯定了天理的实在，只不过程颐进一步将理的实在与气的实在视为并列的二元。[1] 这样，用于论述气的分析性语言也可以同样运用于理的阐释。从此，理逐渐脱胎于诗性的本源，成为具有本体意义的实体。知识性的分析开始代替了体验性的话语，开启了由宋至明的理学时代。

（四）民众的集体知觉

继张载的德性之知与见闻之知区分之后，程颐也注意到了民众在"知"觉上与士人阶层的同异。比如，张载一方面主张士民在资质上有别，同时也承认，民众就每个人而言虽是愚昧无知的，但作为一个群体却有其共同的价值取向。"民虽至愚无知，惟于私己然后昏而不明，至于事不干碍处则自是公明。大抵众所向者必是理也。"[2] 程颐同样提出了："夫民，合而听之则圣，散而听之则愚。"[3] 这种观点是说，碍于闻见之知的拘囿，一个庶民除了一己私利外，对公理并没有追求或认识；但脱离了自己的私利之外，对他人的是非对错往往有着共同的明晰的智慧。常言道：当局者迷，旁观者清。理学家对庶民群体很重视：一方面，民众会在相互的观照中形成一致的利益决断和价值认同；另一方面，从对上层统治者的观察中，民众容易生成共同的意

[1] 葛瑞汉曾以"二元论"概括程颐的理气观，即：阴阳是气，道在气中、依存于气，道又为气所必需。参见：[英] 葛瑞汉：《一元论与二元论》，《中国的两位哲学家：二程兄弟的新儒学》，程德祥等译，大象出版社2000年版，第188—195页。

[2] 张载：《经学理窟·诗书》，《张载集》，第256—257页。

[3] 程颐：《伊川先生语九》，《二程遗书》卷二三。

见，正如唐代陆贽说的："上之得失靡不辩，上之好恶靡不知，上之所秘靡不传，上之所为靡不效，此其类于神也。"[1]

庶民们的这种近似于"神"的集体知觉，其实在先秦的诗歌中就有广泛的表现。孔子的诗论中很重要的一维就是"怨"，与"兴""观""群"并列为四种诗学的修辞方法。"怨"对应着一种很重要的诗歌体裁，即讽喻诗。孔子自己也作过一首讽喻诗，以表达他离开鲁国的怨愤心情。[2] 其实，怨与兴、观、群一样，都是一种本源情感的表现，忧怨的诗情在集体的无意识中显现为时间性的感受，也就是在忧虑与期待中的张力。从这种张力中可以绽出近于神明的知觉，从这种知觉中可以启发庶众的集体智慧。只不过在历史上的多数情况下，平民们虽有这样的情感直觉，能够觉察到统治管理者的是非得失，却未必具备足够的理性以思考这些偏误的原因以及应对的策略。他们依然需要由圣人君子来引领，才能进行合理的认识并做出正确的决断。"正名"的权力仍然在君王和士人的手中。而这时值得注意的是，无论是最高统治者还是士人群体，即使完全掌握了正名权，却终究要诉诸庶民们在集体无意识中的诗情感受。精英群体所代表的主体理性或德性，虽是天理的体现，但这种天道并非虚悬而隔绝于众人，而恰恰就在众民的诗情体验中。这或许也是理性源自情感这件事情在理学家那里的一个写照吧。

---

1 / 陆贽：《奉天请敕对群臣兼许令论事状》，《陆宣公翰苑集》卷一三。

2 / 孔子："彼妇之口，可以出走；彼妇之谒，可以死败。优哉游哉，维以卒岁！"《史记·孔子世家》。

五、朱熹的知行相须

朱熹在继承了程颐格物致知的基础上，进一步强调了格致的功夫。在他看来，"智"蕴含着未发的性理，而这种寂静的理须经由已发的心知来贯通，这个过程就是格物致知。他说："盖人生而静，四德具焉，曰仁，曰义，曰礼，曰智，皆根于心而未发，所谓'理也，性之德也'。及其发见，则仁者恻隐，义者羞恶，礼者恭敬，智者是非，各因其体以见其本，所谓'情也，性之发也'。"（《晦庵集》）这里的"情者，性之发"，其实就是心的思虑动察，也就是"知"的实际过程。因此"智"的德性是通过心的格物以致知过程而通达的。用与朱熹交往甚深的张栻的话说："知之理则智也。"（《仁说》）

与张载、周敦颐以及二程相比，朱熹的理论更靠近《大学》，他对其中的三纲领、八条目有着反复的推敲。朱熹自称："某于《大学》用工甚多。温公作《通鉴》，言'臣平生精力，尽在此书'，某于《大学》亦然。"（《朱子语类·大学一·总纲》）也许他之所以坚持把《大学》排在"四书"的首位，正由于《大学》提供了从格物到致知的一套连贯的说理方法，与《中庸》相比更侧重推己及物、经世致用的一面。在物与己的关系上，朱熹继承了程颐的格致思想，认为离开格物便没有致知，以抵制佛老脱离外物而自谓有知的弊端。只不过，他仔细地将格物和致知分别视为两个的阶段。格物是致知的必由之路，但只是初始的进阶，从每一个特殊的事物上穷究它所具有的理,最终的目标是通达天下万物共有的至理。从这里,朱熹发展出了他独特的"理一分殊"的思想。

(一)知与行相互发动

在发展了程颐的格致论后,朱熹又继续开拓了他的知行论,在"知先行后"之上发展出了"行重知轻""知行互发"的观点。

在致知与涵养(也就是知与行)的关系上,朱熹的主张是,二者互为彼此的作用方,从而各自获得相应的功用。知与行在哪一个方面都不可偏废,而必须齐头并进。而这种并进的模式是双向的,反映在《大学》的表述中是:要"明明德于天下",就必须"先治其国",那么就须齐家、修身,而修身在于正心、诚意,这就要求致知,而若要达到致知的目标,则需要从格物开始。而反过来,《大学》又接着讲:"物格而后知至,知至而后意诚,意诚而后心正,心正而后身修,身修而后家齐,家齐而后国治,国治而后天下平。"这是著名的"三纲领"("在明明德,在新〔亲〕民,在止于至善"),以及"八条目"(物格、知至、意诚、心正、身修、家齐、国治、天下平),而这也是朱熹所推崇的格物—致知的双向模式。朱熹在《大学章句》里这样解释三条纲领:"既自明其明德,又当推以及人……皆当至于至善之地而不迁。""不成只要独善其身便了,须是志于天下,所谓'志伊尹之所志,学颜子之所学也'。所以《大学》第二句便说'在新民'。"(《朱子语类·大学一·序》)通过推己及物的行为,将自己的德性普施于广大的民众,并把这种对"至善"的扩充作为终极的目标。这既是由致知到格物过程,同时本身也是通过格物以达到致知(止于至善)的目标,格致本是一而二、二而一的事情。

致知在于格物,格物也通往致知。如果践行得比较多,那么从中所获得的知也就更多;反之,获知越多,同样可以指导着行为的越发深入。因此,朱熹提出了知与行的互相发动的观点:

> 问:"南轩云:致知、力行互相发。"曰:"未须理会相发,且各项做将去。若知有未至,则就知上理会,行有未至,则就行上理会,少间自是互相发。"(《朱子语类·学三·论知行》)

在朱熹有关知行互动的阐述中,值得重视的是这段话的背景。朱熹说这话时,其实是针对一种互相卸责的现象。这种现象的表现是,当致知进行得不深时,就把责任推到践行得不好上去;或者当行动没有达到预想的目标时,又把责任推到知得不真切上面。这样来理解"相发",只能使知行都没有长进。而要克服这个现象,则只有通过专注的功夫,或者专于知,又或专于行,无论专注于哪一方面,都须在功夫没到的地方各自深入用功,如此下来终究会达到知行相互发用的目的。换句话说,知如果想要去启发行动,就需要专门在知本身上面下功夫,知得深了自然就会发用于行。同样，行也只有涵养到极致，才可能引发知的继续深入。因而，知行是各自在深化过程中的交互，只有一个进行得深了，才会启发另一个。然而二者又须同时进行，从小学起，人既需要学习诗书礼乐，也要洒扫应对的涵养践履，这些属于知浅而行小；到了大学阶段，知可穷天下之理，也自然可以修齐治平，这属于知深而行大。随着知的由浅入深，行也会因易而难。在这个过程中，知行必须同时用功，才能相须相待、互为动力；若其中一个放弃了用功，就会失去相须的时机和动力。同样，得到互发时机的时候也必须把握，否则将导致双方的停滞不前。在知行的互相发动中，才能保证二者的共同深化，也只有在彼此的深化中才能互动。

知与行，也是内与外的关系。致知在格物，是从自己与身体之外的事物接触的行为中获得关于"善"的理解和领会，这也是一个从外到内的维度，属于"修身"的范畴。有人这样问朱熹："《大学》一书，皆以修身为本。正心、诚意、致知、格物皆为修身内事？"这个问题所指出的是，八条目中的前四条是否都属于修身的范围，也就是仅限于个人的内在省察；而这个问题所关切和指向的，则是内与外之间的关联究竟是怎样的，即修身如何经由格物—致知这个模式而涉及外部的事物。朱熹的回答是："此四者成就那修身。修身推出，做许多事。"（《朱子语类·大学一·纲领》）也就是说，这四条的确成就了个人的修身。不过同时，从修身中可以推出"做许多事"的行为出来。修身既是一个从格物到致知的过程，而又是重新发动格物的起点，整个格致的过程就是修身本身；而反过来，修身同时也就是推己及人的格物行为。虽说"止于至善"是这个过程的最终目标，然而这个目标是可望而不可即的，正如修身是无止境的，只能在持续不绝的格物中去进行。

格物首先是人面对存在的事物审视、交往的行为，所格的物包括日常认识到的各种对象，也包含抽象的概念，如心、性、仁义理知等等。但无论是哪种物，都在人的常识里有其确切的界限，可以用平常的话语表达并不会引起误解的存在者。同样，开始格物的主体也是某个相对特殊的人。因而格物是十分形下而具体的事情。从事物固有的或已经被认知到的事理开始，继续穷究追问它所具有的理，这样用功久了就会达到"豁然贯通"的境界。而这时，事物的每个细微的方面都得以明晰，而主体的心知也通透而明朗起来。[1] 其实所谓的"豁然贯通"，只是通过格物获得了"至善"的领会。然而善是通往未来的无止境，那么"止于至善""通于神明"的感悟也是无从明确表达的。格物所致的只是本源的知，就是朱熹所说的"未曾知觉甚事，但有知觉在，何妨其为静"。[2] 这种有知却未出现知觉对象的静观也即物我浑融的诗情体会。而由致知到诚意、正心，则从无到有、由静入动，意味着主体性的确立，即建立起了有身有心的

[1] 朱熹："是以《大学》始教，必使学者即凡天下之物，莫不因其已知之理而益穷之，以求至乎其极。至于用力之久，而一旦豁然贯通焉，则众物之表里精粗无不到，而吾心之全体大用无不明矣。此谓物格，此谓知之至也。"《四书章句集注·大学章句》。

[2] 朱熹：《朱子语类·程子之书二》卷九六。

主体"人",在博学、审问、谨思、明辨中确定了"义理之极",从而具有了主体的理性之知。这时,主体的德性与身心修养已相关联并整合起来。再从这个有理性、有身体的主体开始,在日用常行之间进入新的格物行为,"省察践履,笃志力行",将致知、修身不断"一以贯之"地持续下去。[1] 由此可见,知与行是在相互的发动中延绵下去的。就像朱熹自己说的那样,知行互发犹如人用两只脚走路,两者之间既有着界限,又不能静止独立于另一方,而必须是在相互依赖的行动中才能体现自身。

(二)行重于知

在强调知行相须和互动的同时,朱熹特别注重行的地位,这其实是站在一个主体的位置上,把自己所知扩展到行为的方向。从这个主体的角度上说,个人所获致的"知"是以"行"为条件的,而又应当将自己所知的托付到实行中去;就此有限的个人来说,行动成了知的最终目的。也从这一点上,朱熹违背了程颐的重知论,而回到了以往"知易行难"的重行论。

致知、力行,用功不可偏。偏过一边,则一边受病。如程子云:"涵养须用敬,进学则在致知。"分明自作两脚说,

---

[1] 朱熹:"故大学之道,必以格物致知为先,而于天下之理,天下之书,无不博学审问谨思明辨以求造其义理之极。然后因吾日用之间,常行之道,省察践履,笃志力行,而所谓孝悌之至通于神明,忠恕之一以贯之者,乃可言耳。"《四书章句集注·大学格物补传》。

但只要分先后轻重。论先后，当以致知为先；论轻重，当以力行为重。(《朱子语类·学三·论知行》)

持敬是行，穷理是知，二者一本两端。然而"持敬是穷理之本；穷得理明，又是养心之助"(《论知行》)。相比起通过穷理获得"知"的领会，行为中的持敬终究是更为根本的；或者说，穷理致知只不过是行为的辅助力量。不但如此，"然去穷理，不持敬，又不得。不持敬，看道理便都散，不聚在这里"。穷理本身也需要在格物中进行，行为既是知的条件，也是知的目的。只有在静心持敬的态度中，才能通过穷理获得知解，否则所穷究的各种理是分散杂乱的，无法在主体的心中聚合为一致的理。敬本来也是一种本源的诗情感受，从中才能确立起唯一的绝对主体性，这也就是集众理为一的心性，或所要获致的主体理性之知。敬先于理并成为理的根本，也是情为理的本源的另一种表述。

而反过来，所知的理又通过个人的行为扩充到持敬的情感中去，知也是行的先在指导。因而，行敬—知理—行敬构成了主体性的知行关系。朱熹反对只注意践行而不论致知的做法，认为不知则不能行，行则必须有知作为主导。《论知行》中，朱熹反复强调："而今人只管说治心、修身。若不见这个理，心是如何地治？身是如何地修？若如此说，资质好底便养得成，只是个无能底人；资质不好，便都执缚不住了。"他引用傅说的语句,"念终始典于学,厥德修罔觉",以此为通透之论。知是学来的,不由博学辨善而至尽心知性,则不能进入修身治心的行动中;否则,资质良好的最多庸碌无能,资质差些的只会流于散漫荡失了。

这样,穷理致知要以虚静持敬为本,而主敬之行又需依赖知来导向,朱熹曾以双脚走路来比方二者互发的关系。然而《论知行》中又指出:"论先后,当以致知为先。论轻重,当以力行为重。"知在先而启发行,知理必须要落在实行中才算完成。所知的理是没有虚实之分的,而落实在行动中就有了虚实,行必须蹈实而非蹈虚,而在实行中贯穿着所知之理。这也是朱熹批评张载之处。张载的"太虚即气"希望把虚当作形而上者,以虚兼实,这在朱熹看来就未免偏在一边,未若他所提倡的"无极"那样能贯通虚实。[1]对朱熹而言,虚实都是形而下的发用,而所知之理才是兼通虚实的形而上者,故"见无虚实,行有虚实"(《论知行》)。无虚实的是形上的理,因此知、见无虚实;而将所知发用于行,才有了虚实之分,行是实的,不行是虚的。理自然会贯彻到行中,引导着不行向行的转变。

然而如果以体用来表述知行,又如

1/《朱子语类·张子书二》:"问:'横渠"太虚"之说,本是说无极,却只说得"无"字'。曰:'无极是该贯虚实清浊而言。"无极"字落在中间,"太虚"字落在一边了,便是难说。'""问:'横渠有"清虚一大"之说,又要兼清浊虚实。'曰:'渠初云"清虚一大",为伊川诘难,乃云"清兼浊,虚兼实,一兼二,大兼小"。渠本要说形而上,反成形而下,最是于此处不分明。'"

何解释行是知之本呢？行为中持守的诚敬对致知起到聚拢的作用，否则知就会散漫无稽。[1]这说明知并不能离开行，那么知先行后就成了虚设。朱熹坚持知的先在性，以保证理的本体地位，那么知的本体就不应依赖行，自身就应具备聚拢与发散的圆融。而这种圆融是先于主体的理性之知的，只能在蕴含着无限可能性的诗情之知里面，在先于主体性的诗情中，知与行其实是浑融不分的。知行的相须并不是从理性上分析出二者的逻辑关系，只能是在体用互摄的层面上设喻，就如同张载的"太和所谓道"，又如二程的"体用一源"。换言之，知行相须是一种混沌不分的本源性表述，从中析出了知为体、行为用。只有以行重于知、行作为知的目的时，才进入了形上、形下的理性二分。从互发到相分，其实是一个由本源到体用的建构，即从知行在诗情中的相须，到二者在形而上下之间的划分。从不同的层级上去看待朱熹的知为体、行为用，才会更好地理解其中的微妙关系，而去除可能的悖谬，还原其思想的本源面目。

在朱熹的知行论中，可以看出，他在细究知行关系的同时极注重行的方面，这与其所处的历史背景或许也是有关的。余英时曾把朱熹的格物致知与内圣外王的理论联系起来，以推出他以内圣的"知"推及外王的"行"的动机，也

[1]《朱子语类·论知行》："只如居敬、穷理两事便相碍。居敬是个收敛执持底道理，穷理是个推寻究竟底道理。只此二者，便是相妨。若是熟时，则自不相碍矣。"

是不无道理的。[1] 内圣与外王的架构，的确很适合解释宋明理学的形而上学与形而下学之间的关系。不过这种理论不能深入触及的是，如何将内与外、知与行"体用一源"的本源意味揭示出来，而只能将外王纳入内圣的范畴，再放入"理一分殊"的框架里解释。而内圣所体知到的"理一"，只能是宗法亲缘脉络里的"拟血缘"或"泛血缘"的由情入理的经验路径。这在当时历史情境下或许是唯一的经验体会，也与那时的君相、党争等政治关系能够结合起来，但放在今天，这个解释模式就不再适用了。值得注意的是，宗法血脉间的亲情也是本源的诗情，只不过这是近代以前的社会样式下的情感体验。随着社会生活的迁变，情感的体会也有所不同，而过去特有的解释话语也应本着当下的诗情而进行损益。比如，当时的理气可以比附为君臣，而在没有三纲的今天，所谓的"外王"就须有一番新的建构。同样，"理一分殊"也可以不再比着以形而上的理统摄宗子家族的模式来诠释君臣相处之道。[2] 当时的君与臣、人与人之间究竟依着什么理，而这些理又是以怎样的关系聚合而分殊，并为人所知解和践行的，也许在朱熹的历史空间里仍可以有更为本源的解释。

---

1 / 余英时：《理学家与政治取向》，《朱熹的历史世界》，生活·读书·新知三联书店2011年版，第413—421页。

2 / 余英时认为，朱熹将"理一分殊"解为君臣纲常，在形而下的世界里，君道代表的皇极是理的完全体现，由理一到分殊也是君为臣纲、君臣义合的体现；如果没有了这个形而上学的统摄，就完全落入张载以君为"宗子"的"拟血缘""泛血缘"中去了。余英时：《绪说》，《朱熹的历史世界》，第172—179页。

(三)"理一分殊"与格物致知

宋代理学极为重要的一个概念是"理一分殊",它最早是由程颐提出的,源于杨时关于《西铭》所提出的疑问。张载《西铭》里有一段反复被征引的叙述:"乾称父,坤称母。""民吾同胞,物吾与也。天地之塞吾其体,天地之帅吾其性。"杨时对此很不解,怀疑这种与天地万物混同一体的思想有点类似墨子的兼爱。而杨时的老师程颐在《答杨时论西铭书》中回应:"《西铭》明理一而分殊,墨氏则二本而无分。"也就是说,张载明白天人是一个理,只不过人道有分殊的差别。"老吾老以及人之老,幼吾幼以及人之幼"讲的是无分别的同一个理,而"人各亲其亲,各子其子",是理在不同情境、不同群体以及个人之间的分别。与这种"理一分殊"不一样的是墨家完全无差等的爱,这是将天道与人道划分为两个不同的本体,隔绝于人道的所谓天道不再区分亲疏。可见这两种说法是根本不同的。张载把人世整体看作了一个大的宗法家族,以君为宗子,臣为管理者,众民则如同家族成员。这样,家国天下就被宗族血亲的"理一"所维系着,即使有各自亲其亲、子其子的分殊,也可以涵盖在家族血缘的整体纽带之中。而墨家没有这种建立在血亲之上的一与多的等级次序,只有彻底的平等无差别,这是两个学说的根本差异。

朱熹在程颐的"理一分殊"基础上,进一步阐发了"太极"与"无极"的关系,以及"月映万川"的观点。

太极只是天地万物之理。在天地言,则天地之中有太极;在万物言,则万物中各有太极。

太极只是一个"理"字。

问理与气,曰:"伊川说得好,曰'理一分殊'。合天地万物而言,只是一个理;及在人,则又各自有一个理。"(《朱子语类》卷一)

自下推上去,五行只是二气,二气又只是一理。

此理处处皆浑沦,如一粒粟生为苗,苗便生花,花便结实,又成粟,还复本形。一穗有百粒,每粒个个完全;又将这百粒去种,又各成百粒。生生只管不已,初间只是这一粒分去。物物各有理,总只是一个理。

人人有一太极,物物有一太极。(《朱子语类》卷九十四)

本只是一太极,而万物各有禀受,又自各全具一太极尔。如月在天,只一而已,及散在江湖,则随处可见,不可谓月已分也。(《朱子语类》卷四十九)

唯一的理也就是太极,而太极就在每一个人身上、每个事物当中。天地万物的理本是一个,而这个理同时也被万物分有在各自的形体之内。就像一个麦穗有许多麦粒,每个麦粒又能生出更多的麦粒,这样分散下去,无数的麦粒仍然都是从最初的那一个分出的,而分出的每个麦粒都是完整无缺的。这表明理在万物中的具足,不同的只是理在每个具体事物上发挥的作用。比如作为君主,他所分有的那个唯一绝对的天理就体现为他的仁;而作为臣,他分有的理则是他的敬。同样,作为父亲的理就是慈;作为儿子的理就是孝。仁、敬、慈、孝都是这个理的发用,这些作用的样式虽不同,但所分有的都是同一个理的本体。理在人世间的分殊就表现为三纲五常,太极体现为君主所代表的"皇极",这是阴阳二气汇总的枢纽,也是臣民所取法的总标准。[1] 皇极也就是君的德性,譬如把君德比作天上的月亮,那么臣民所效仿的德性就是这个月亮在无数河流中的倒影。

但君德不是天生就有,也不是凭空具备的,而只能通过格一致以修身的途径获得。"人君修身,使貌恭,言从,视明,听聪,思睿,则身自正。"(《朱子语类·尚书二·洪范》)这秉承了孔子"视听言动"的克己功夫,而克己复礼本身就是与人交接的格物过程。君主的活动范围不超过士大夫的群体,那么格物对他来说无非是对官员取用罢免之道,比如,怎样任用好的宰相和谏官就是君主修身的方法。换句话说,人君的主体性是由正心、正身来确立的,而要正自己的身心,就需要在与人相处的视听言动中体悟思考,主体的德性才能显豁出来。在与士大夫的交往行为中,君王从恭敬的诗情体会中把握至善的领悟,这既是由情生理的格物致知,也是"无极而太极"的脱无入有,从

1 / 朱熹:"'皇极',如'以民为极'。标准立于此,四方皆面内而取法。皇,谓君也;极,如屋极,阴阳造化之总会枢纽。极之为义,穷极极至,以卜更无去处。"《朱子语类》卷七九。

中方能确立其"纯德"的主体性。从这个主体性出发,君主将自己的德性扩充到身心中,再参与到格物的行动中去,从而将自身的理推及万物,成为臣民效法的典范。因此,理一分殊与格物致知一样,同是对"知"的富于层级化的表述。

(四)知的动与静

从"知"的层次上说,从本源意义的"知"到主体性的"知"之间,有一个时间性的跃升,而这关乎"已发"与"未发""动"与"静"等主要议题。在有关"知"的动静问题上,朱熹对二程的观点有很多商讨,这表现在他与学生陈淳等人的对话中。

> 问:"旧看程先生所答苏季明喜怒哀乐未发,耳无闻、目无见之说,亦不甚晓。昨见先生答吕子约书,以为目之有见,耳之有闻,心之有知未发与目之有视,耳之有听,心之有思已发不同,方晓然无疑。不知足之履,手之持,亦可分未发已发否?"曰:"便是书不如此读。圣人只教你去喜怒哀乐上讨未发已发,却何尝教你去手持足履上分未发已发?都不干事。且如眼见一个物事,心里爱,便是已发,便属喜;见个物事恶之,便属怒。若见个物事心里不喜不怒,有何干涉?"或作:"一似闲,如何谓之已发?"
>
> 问:"未发之前,当戒慎恐惧,提撕警觉,则亦是知

觉。而伊川谓'既有知觉,却是动',何也?"曰:"未发之前,须常恁地醒,不是瞑然不省。若瞑然不省,则道理何在?成甚么'大本'?"曰:"常醒,便是知觉否?"曰:"固是知觉。"曰:"知觉便是动否?"曰:"固是动。"曰:"何以谓之未发?"曰:"未发之前,不是瞑然不省,怎生说做静得?然知觉虽是动,不害其为未动。若喜怒哀乐,则又别也。"曰:"恐此处知觉虽是动,而喜怒哀乐却未发否?"先生首肯曰:"是。下面说'复见天地之心',说得好。复一阳生,岂不是动?"曰:"一阳虽动,然未发生万物,便是喜怒哀乐未发否?"曰:"是。"(《朱子语类·程子之书二》)

从第二段与陈淳的对答里可见,朱熹对已发和未发的解释与对动静的解释有不一样的地方。他认为,未发之前的戒慎恐惧也是知觉,这种知觉是"动"的,然而同时也不妨碍它是"未动",也就是喜怒哀乐未发之前的"大本"。而在第一段中,朱熹主要针对二程的"未发"与"已发"做出阐发。这里,心有知觉就像眼睛看见、耳朵听见一样,都属于喜怒哀乐未发的状态;与之相对的是,眼睛去看、耳朵去听,以及心里有所思虑,这都是已发的状态。那么,什么叫喜怒哀乐的未发和已发呢?朱熹进一步解释,看到一个东西心里喜欢,这就是已发的喜;看见一个东西感到厌恶,就是已发的怒;那么不论看见或听见了什么,心里虽有知觉,却不喜也不怒，就是未发的"本"或"中"。这种知觉是活动的，只是把个人的喜怒等情绪悬搁了，只剩下未发的一个"大本"在那里，似静而动、似动而静地存在着。这个"大本"就是"复见天地之心"，也就是"复"卦中的一阳生起，却尚未发动起万物的出场。或者说，这个一阳就是绝对主体性的确立或主体心性的呈现，但这个唯一绝对的"阳"并没有将自我向"阴"的方向进行扩充，没有给出形而下的各种存在物。

朱熹认为，正像打瞌睡的"静"不是未发的状态，"动"也不等于已发状态，未发之前也可以是动的，只不过这种动还没有给出具体的存在者。这就是心的有知而无思的状态，这里只涉及从本源的知涌动着进入主体的知，即"心要在腔子里"——建立起主体的心性以及身体，但这个主体并未把自己落实在对特定问题的思考和谋划中，因而这个主体只能是绝对的形而上者或最大的本体（"大本""太极"）。虽说当主体具有了身体，成了相对的、特殊的个人，但主体性也会不断从相对的身体中绽出，再重新赋予自己新的身体，主体性的不断生成保持自己不落伦俗，其身体也从未陷落在任何琐细的事务中。

主体心知对身体的统御，表现在"貌恭、言从、视明、听聪、思睿"的保持中，这也是朱熹的持敬、克己的功夫。他认为，致知、持敬、克己这三件事，可以用一个家庭来比喻，保持着恭敬的态度好像守着自家大门，克己如同抵御外来的盗贼，而致知是去省察推求自己和外部事物的边界。他又指出，持敬好比灌溉农田，而克己则是将田间的杂草除去。克己需要一种果决刚毅，而持敬则是从容温和的。朱熹把克己复礼比作"乾道"，而主敬行恕是"坤道"。这与阳动阴静联系起来，可以看出"动"喻指决意的隔除，而"静"则是柔婉的附和，而朱熹更重视前者。在主体心性的确立中，主体的心知同时要决绝地抗拒外来的诱惑，不使自身沉沦于外物的诱惑，这也是格物的功夫。比起内在持敬的存养省察，外在的格物对主体的致知似乎更重要，但这不是说敬就不重要。朱熹也说，静中的动只有通过持敬才能形成，而动中的静也唯有通过持敬才能体会。刚柔动静是相互依存的，静中有动，似动而静，都是主体性在诗情中的涌动的表述，也终究都归于诗情的本源。正如同太极之前还有无极，阴阳两仪的运化枢机还是要诉诸无的本源，知通有无可以作为刚柔动静关系的总括。

六、陈淳论知行两全

继朱熹发展了张载的"心统性情"之后，作为朱熹的学生，陈淳将这个观念进一步拓展到了"心兼理气"。陈淳把心看作一个器物，里面存贮着性理，或者说心是理与气合成的产物。[1] 心中的知觉可能会有两种来源，一种是来自理，另一种来自气。从理发出的知觉就是道心，而从气上发来

1 / 陈淳："理不外乎气，理与气合而为心之灵。"《北溪字义》，中华书局1983年版，第10页。

的知觉就是可能会与理相违背的人心。[1]而格物致知的目的,就是将知觉里从形气上发来的私欲遮蔽尽格除掉,只保留道心的知觉,以回归心性的本体。心性是天理在主体性上的体现,分别是与元亨利贞相应的仁义礼智四种德性。

致知就是从自己的知觉中穷究这四德,直至体察到这个目标;而一旦知到了极致,就必然会付诸行为。这里,陈淳继承了朱熹的"真知必行"观点,完全发自道心的真知也就是知到了极处,对于真假善恶把握得真切实在,自然就会发于行动。这就好像认识到了美丽的颜色,就发起了去爱好它的欲求一样,静观到澄明之处必将会生起意志,并指向实际的行为,这是一贯而不会中断的。在知行的问题上,陈淳在大体认同了朱熹的观点之余,又做了更为深入细致的阐发。

(一) 智是知的理

作为四德之一的"智",既是天理在心性上的反映,也表征着"知"达到了极致而确切的目的。陈淳用孟子的"知斯二者弗去"作为"智"的解释,表示对于是非善恶的把握已明察无误,因而可以确切不移地坚持,并成为裁决事事物物的尺度。有人问他,智既然如此确定,为何在五行里面属于水这种流动的意象?他的回答是,水滋生万物,这正和"万事非智不可便知,知得确定方能成"(《北溪字

---

[1] 陈淳:"知觉从理上发来,便是仁义礼智之心,便是道心;若知觉从形气上发来,便是人心,便易与理相违。"《北溪字义》,第10页。

义·仁义礼智》)是一样的道理。水对于万物是终而复始的源泉，正如智既代表着察知性理的终点，同时也是理解和把握万物的起点，从而是世上万物生生不息的枢机。智是性本体的一部分，它代表的其实是"知"的总体，也就是"知"如何终而复始、周流不息的一个总称，这也是它与水的意象相连的原因。

水是常动的，如孔子所说："知者乐水，仁者乐山。知者动，仁者静。"(《论语·雍也》)知与仁分别对应着动与静两个范畴，然而智中也有确定无疑的静的成分，而动静在陈淳那里，又与阴阳的分别有关。在《北溪字义》的《性》与《仁义礼智》两篇中，陈淳解释《易·系辞》中的"一阴一阳之谓道，继之者善也，成之者性也"，可以与他对四德的理解互相参考。陈淳认为，一阴一阳是道的说法是对太极这个本体的统称，道起初发行也是"太极之动而阳时"，恻隐仁爱的情感从心中萌发出来，想要向外界的时空领域绽出并扩展的时间感，这是纯善的端倪；当道进入主体心中成为主体所具有的德性，这是"太极之静而阴时"，意欲爱人之情的涌动贞定下来而成为明察善恶的"智"。"继""成"分别对应着"阳"与"阴"或"动"与"静"。"继善成性"表达的就是从恻隐的诗情发端而向主体性确定下来的过渡。仁表征着善端萌蘖的诗情涌动，也是本源层面的"知"，而智标志着主体明觉精察的理性的"知"，那么由仁到智其实是阳而至阴、动而至静的"知"向主体性的方向贞定。也许这正是孔子认为"知者动"的原因，他并不是说"智"本身是动的，而是指"知"的全程是动态的。

那么为何孔子又认为仁者是静的呢？用陈淳的观点看，仁是"爱之理"，当恻隐的诗情涌动到了主体的理知中时，仁与智同样贞定下来成为主体的德性，而接下来的事情就是智者的继续发挥了。把主体的理智发用到事事物物的处理中，使万物各得所宜就是义，形成行止有措的仪则就是礼。在这个扩充的过程里，仁的德性就消退并隐藏在具体环境中的相对主体——智者身后了，智者则担负起了行动的责任。因此，陈淳将"智"作为万物终而复始枢纽，在形而下的切实事务里，智者以实际行动走上前台，而仁爱的诗情则在背后成为奠基。这构成了"知"的下一个环节，即由主体性的形上之知充实为实践智慧的过程。

可见，陈淳的思想里萦绕着知的三个层级，三层之间周而复始，正如他将智比作水的意象一样。而这三层的流转是围绕着主体"智"的德性这个中心的，因此"智是知之理"。智依然作为天理在人性中的下贯，在人的认知过程中具有决定性的地位。这或许也是一个理学家必然的立场吧。

(二) 知行如鸟的两翼

陈淳在朱熹"知行相须"的基础上，进一步挖掘知与行的关联。他认为以知在先、行在后的观点很容易引人进入歧途，朱熹将知行并进比作两脚走路，而陈淳则比成了鸟的双翼、车的两轮：

二者亦非截然判先后为二事，如车两轮，如鸟双翼，

实相关系,盖亦交进而互相发也。故知之明则行愈达,而行之力则知益精矣。(《北溪先生大全文集》明弘治本)

陈淳指出,知和行的关系就好像眼睛看着脚在走路,如果眼睛看不见,那么一步也不能行走;而同样,如果脚不走动,光靠眼看,也是只能空想而没有地方可去。只有通过知来达到行的目标,也只有通过行而使知更为精确,知行必然互相发动,才能并进而不偏废。知得越精准,行动中就没有怀疑,从而行得就会更有力;而行得越是有力,对所知的证实就更加精确,这同时也使得致知能够精益求精。二者其实难以完全分开,就像两只翅膀同长在一只鸟的身体上一样,互相作为对方的发动枢纽,离开任何一方都不能独立存在。

而致知的目标是力行,学问也要以行为主、以知为副。致知的过程自始至终都是为了达到行的目标而进行的,致知获得了关于理的实见,而在处理人事的行为中做得恰到好处,则是将实在的见识扩充到了实践中去,以达到用实践验证理的目的。如果知得不精,行为也难以验证成功,那么在知行中就越发缺少勇气和信心;然而当知得真切时,行也自然就会更加勇敢,知行如同车的两个轮子齐头并进,如浩然之气充于天地之间一般,将主体的智慧扩展到事事物物中去。

知行之所以是一体不分的,还在于贯穿知行的主敬持养。陈淳说，心有"虚灵知觉"，作为身体的主宰，心也主宰着其自身。主敬的功夫就是随时去唤醒心的知觉，并在此知觉里除去人心私欲，只留下澄明的道心。因此，敬的功夫也称为"主一"，从而在贯穿阴阳动静的功夫中把握主体的不偏离、不走样。"惟心无所适。所以常主于一。此四字贯动静。无事时其心收敛，主一在此，不走作；应事时心又主在一事上，亦无走作其他。"[1] 无事的时候应当静下来把握主体心性，主一就是确定那个唯一的绝对主体性，不使其有所偏颇；而在遇到事情时，绝对主体就充实为相对主体，主一是指将这个具体的个人贯注在特定的事情上面，将事情做好而不出偏差。无论是动是静，主一都需要持敬的功夫，这也被陈淳称为"常惺惺"，即在动静之间时刻留意。如上小节所述，动是从敬慎中生发主体性，而静是主体心性的贞定，贯通动静的是恭敬仁爱的情感，从中又随时伸展出具有时间感的主体性维度。动静知行都由此诗情连贯起来，如此才能如鸟双翼、如车两轮那样比翼齐飞、齐头勇进。

七、陆九渊的知在"本心"

朱陆二人的思想构成历史上的鲜明对比，尤以"鹅湖之会"著称。与朱熹相比，陆九渊更重理的实在性，并以心为理，主张发明本心的作用。朱陆二人的分歧主要在"太极"与"无极"，以及《系

1 / 陈淳：《北溪大全集》，文渊阁《四库全书》影印本。

辞下》中的卦序问题上。

陆九渊只承认太极的存在,认为张载"无极"之说源自道家,并非儒家传统。在他看来,理就是太极,也是实在的那个"中",没必要去强调太极的"无"性,在它前面加上一个"无极"。同样,他认为朱熹对"无极而太极"的解释为"叠床架屋"之论,其实也是蔽于老子学说。[1] 在陆九渊那里,无论是"中"还是理,都是实而不虚的,与本心是同一的。而朱熹却认为,只有理与太极才是无形无状的本体。"中"则属于气的范畴,是已发的状态,需要在刚善刚恶与柔善柔恶之间把握。这就是说,"中"只能是在有形有所的载体之中,也就是在气之中、在阴阳之中。朱熹所警惕的是把理气同视为已发的"物",这样就失去了理之所以为万物"太极"的根据。他特别强调"皇极"不是"中",[2] 而是如同无极一般,是众民的标准。这其实有让君主悬空于众臣民所处空间的寓意,使其位置仅限于未发的理的领域,相对于气的流行来说似乎是虚化了。并且,这种本体论的诠释也脱离了空间上的主从意味,而令理气具有了时间性的逻辑关系。正如太极是阴阳造化的枢机,皇极也是正心立身的开端。从"中"这个时间点上,通过以这个身心与他人的交往,而将自己的德性推及众人,这个由致知而格物的过程是在时间

---

[1] 朱熹:"推本周子之意"说:"不言无极,则太极同于一物,而不足为万化之根本;不言太极,则无极沦于空寂,而不能为万化之根本。"《朱熹答陆九渊书》,《朱子语类》。

[2] 朱熹:"某谓不是'大中'。皇者,王也;极,如屋之极;言王者之身可以为下民之标准也。"《尚书二·洪范》,《朱子语类》卷七九。

中进行的。而同样经过这个格物的过程，主体性在由诗情的知到理性的知的过渡中再次确立起来，这是由格物而致知的时间性的绽出。致知而格物是从理一到分殊的演绎，格物而致知则是由分殊到理一的呈现。这个逻辑关联不是空间性的，而是时间性、过程性的。这种时间性或过程性就体现在无极先于太极、太极从无极中显现的时间感中。

在朱熹的这种诠解里，理与气虽本为一源，而却又体用殊绝，理既在气中，而又何尝不在气之外。理在气中，是说由知推到行是在一个时间过程里；而理在气外，则是指主体性从有限的物理时空中的绽出。这是时间性的体现，也是主体德性的绝对性的展现。陆九渊则把理看成同于"先立乎其大者"的心，"道理无奇特，乃人心所固有，天下所共由"（《陆九渊集·与严泰伯》）。理首先是"有"，而且是天下与本心所共有和固有的，从心中就可以知晓宇宙万物、天下万理，理自然显示在心中，即"万物皆备于我"。太极就是易简之理，明白于心，"亦何尝隐于人哉？"（《陆九渊集·与朱熹》）。加一无极在前，反倒引人糊涂。这或许与陆将理的实在性做平面化的理解有关，他难以把捉太极之后还有一个"无"的存在，而有的实在性正是从无到有的时间性跃升中获致的。

陆九渊认为，理就是实实在在的天理、常理、公理。这个理以"中"的形式显示在心中，其实与天地之数是相关的。陆九渊以太极为一，这是数字唯一的开始；"有一必有二"，二是指内外、首尾、表里等对立的因素，也就是《易》的一阴一阳；而在这对立的两端之间，必有一个"中"，中加上两端，一共变成了三。天地人即为三才，人在天地之间，在空间上正处于"中"的位置。人戴天而履地，那么人的本心就反映了宇宙，主宰着天理。"万物森然于方寸之间，满心而发，充塞宇宙，无非此理。"(《陆九渊集》)从空间平面上理解人具备天理的根据，这是陆九渊良知论的起点。陆将这种直观的感受与孩提爱长辈的良知联系起来，同作为本心的直觉，因此得到了古圣传心、不传文字的观点。陆的良知本体论是简易直截的，不需要诉诸繁琐的思辨和推究。这并不是说格物穷理的方法就不需要了，陆还是很重视格物的，只不过把格物的位置放在致知之后。首先要体认本心，然后万物所具有的理也就不解自明了。因此，他把格物说成是"讲明"。致知、格物，学问思辨属于讲明，修身、正心、笃行属于践履。先讲明之后才能践履，而讲明的开端就是致知，即以本心的体认为知至。"知"在陆九渊的学说里可以说是摆在了首位。

由于人与宇宙的同一，人须从识知本心为开始，而经过践履达到"学为人"的终点，这个学而成人的途径是"修德性"。而德性的修为本身也是求得本心的澄明，也就是"知至"。那么这个知—行—知的往复可以统绪在"致知"当中。要达到致知以知至的目标，则须通过易简的功夫。"《易》言知至、知终是总说，不是说每事。蒙问谩及之，不必滞泥。"(《陆九渊集·与曹立之》)易简就是涤除个人的妄念私欲，恢复本心的澄明。"心既尽，则事物之交,来以神知,往以知藏,复何累之有哉?"知来藏往就是易简的功夫,以此洗心退藏,自然无滞于物我,天理就在易简功夫中呈现。因而,无论知还是行,终归可以回到体认本心中,也可以说"知"就是知本心,即本心的自在呈现。

也正因天理的呈现如此简易,陆九渊反对将履卦、谦卦置于复卦之前。他与朱熹一样重视复卦。在他看来,复代表着知本心,是"知至"直接的一阳来复,因而复是一切的开端。而如果把履卦、谦卦摆在复卦之前,就遮蔽了识天理、知本心的第一性,反而陷于隐晦不彰。这也是他将"尊德性"摆在"道问学"之前的理由,天理不是经过格致、通过一点点的积习而至贯通的,天理就活脱脱地敞显在主体的心中,只要做易简功夫就可以察知本心与天理的合一。只有通过这种功夫辨识得出天地与自己的身心之后,才可能开始个人的践履,而当在践履中又出现了得失之分,这才有了谦与不谦之别。"尊德性"与"道问学"的分歧,就在朱陆这里开始了。

陆九渊肯定本心天理为实在的存有,这与程朱本无差别,其实差别只在实现的功夫中。陆九渊认为本心即宇宙天理,而不须向外索求,这就与道问学的"支离"功夫有别。他也正因此责备道问学的流于支离,以致蔽于庄老虚无之说。那么只有肯定了本心的确然大体,才能保持儒家的正统地位吗?然而本心的确立又如何证得?也许程朱的做法,正是对陆的良好补充。履、谦两卦相对于复卦的先在地位,也给出了本心由来的一个很好诠解,主体性的确立不离确立之前的相对自我的实际践行,唯有投入这样的切身格物中,才能从中绽出绝对的主体性。大我是从小我的践履中拉伸出来的,而这个拉伸就是诗性的时间感。唯有从先于物我分别的诗情本源中,才能挺立起自我的本心,这是陆九渊或许没有注意到的。

伴随着《大学》的三纲领、八条目得到广泛的推重,宋代理学的"知"论发展到了一个高峰。继张载之后,由二程兄弟和朱熹奠定了格物致知的理论基础,而陆九渊与其在明朝的后继者王阳明则在此基础上,提出了与之相抗衡的良知本体论,分别形成了理学和心学的源流。在理学的流派里,"知"处于格物—致知—格物这样一个主客对待往复生灭的脉络里;而在心学中,"知"则发展为"致良知"而纳入了主体性内部,后者成了明代知论的主要发展趋势。

第七章

明代的"智""知"

在对宋代理学继承的基础上，明代的心性良知学说是"知"论的重要发展。良知论在王阳明那里几近集大成，他的"致良知"理论将主体意欲、身心涵养作为行的功夫，容摄在良知心体中，心体从而足以涵纳动静、知行于一体。他几乎已经把"知"这个范畴置放在了接近人的本真情感的层面上，使其"知行合一"的理论极具诗性的节奏感，并与天人合一、体用一源的人生境界统一起来。到了明末的王龙溪、王艮等人，则出现了一个转向，反而将良知静态化了，同时也更加普及化了，易于为众人所广泛理解和接受。阳明的良知学说在晚明流传到了李贽那里，越发与家国兴衰的强烈忧患融合起来，倾向于王霸之辨的考虑，从而具有了一些政治哲学的意蕴。王夫之则将"知"的理论更多地融合在日常的实行中，成为契接心学与清代朴学的中间地带。

一、薛瑄的"知性"

明代早期的儒家中,薛瑄是首先触及"知"这个理念的。他的学术被认为是对程朱理学的躬行体会,也正因此,"知"在其学说中占据重要地位。他对知的解释大体可分为两种,其一为知识性的认识,其二为价值性的体察。而所知的对象则是指"性"。

在薛瑄之前的曹端也有过对"性"的阐发,他在总结了张载、程、朱的性论同时,指出周敦颐未能把气质之性与天地之性做出明确的分别。由此可见,在曹端那里已经有了认知与体知的分疏,其各自的对象分别是知识性的气质之性与价值性的天地之性。而薛瑄则将这两种不同的知论归结在"知性"中,并进一步区分了两种性论。

> 性非特具于心者为是,凡耳目口鼻手足动静之理皆是也。非特耳目口鼻手足动静之理为是,凡天地万物之理皆是也。故曰:"天下无性外之物,而性无不在。"(《读书录》卷五)

薛瑄支持二程的性论,即性与理是"合内外"的关系。因而万物都由性而分有了理,性和理一样是普遍存在的,或者说万物通过具有性而分有了理。同时,性也有外在而具体的特征,意思接近每个存在物的特定属性。这样认知到的性,已迥异于张载所说的"万物之一源",而有了明确的分疏。一方面是心中体知到的义理之性,同时也包括自我以及天下万物中蕴涵的气质之性,这是由事实性的认知得到的。

进而,他言明了这两种性之间的界限不容混淆:"人心,即食色之性,道心,即天命之性。"(《读书录》卷五)其中,食色之性就是程子所说的禀赋清浊的气质之性,也是张载的"攻取之性",而天命之性是指从尧舜到涂之人所共同具有的"本然之性"。只不过在这里,两种性是由两种不同的"心"进行区别的。通过"人心"而认识到的是气质之性,而由"道心"体知到的是天命之性;而无论是哪种性,都存在于心中,经由心的体知或认知而获得。换言之,两种性的区分只是心中的判断使然,事实判断产生气质之性,价值判断给出天命之性。

心所认识到的不只是各种具体而微的物理事实,还包括仁义礼智忠恕等道德知识,这都属于气质之性。仁义礼智作为知识的时候,就是气质之性;而作为价值的时候,则又成为天命之性。这其中是否存在悖谬呢?

> 就气质中指出仁义礼智不杂气质而言,谓之天地之性;以仁义礼智杂气质而言,故谓气质之性。非有二也。
> (《读书录》卷五)

由此可见,仁义礼智只是一体,但又可以分为"杂气质"与

"不杂气质"两类。夹杂了气质的，也就是顺应了物化而固化为事实性的知识，这是作为道德知识的仁义礼智；不夹杂气质的，则是洁净空阔的形上之性，也即理的体现。前者也称为"情"，后者才是本然的"性即理"。

> 廓然而大公者，性也；物来而顺应者，情也。性者情之体，情者性之用，此性所以无内外也。（《读书录》卷五）

情与性是体用关系，性统摄了情，情又统归于性，因而性情并没有偏于内外的区别，情也属于性的范畴。但既然引入了情的概念，就不得不对朱熹的"性体情用"做出阐释，而"无内外"或许可看作是一个折中的推论，其实是把情归入了性的内部。这种创造性的阐释似乎是把气质之性统摄在天命之性的下方，然而"无内外"又否定了二者地位上的高下。毋宁说，价值借由知识而得以诉说，知识则源自本然的价值。薛瑄紧接着阐述的"复性"，便是通过知识的澄明而回归本源价值。

薛瑄的知性而复性，也就是气质之性向天命之性的溯源，这也就是主体性知识的消泯与重建的过程。其所谓天命之性，是在道心中获得的，而此道心即为本源之知，其复归的指向就是诗情的源泉或价值的本源。而人心即主体性的认知，由此产生的道德知识指向形而下的伦理建构。从人心向道心的回溯，就是对伦理体系的价值基础的探求;而诗情就是这个本然的天命之性,各种道德知识只是诗情的表述形式。人心只是道心的诉诸言辩,而道心借由人心得到彰显。总之,人心是由道心给出的,这也正是诗情之知向主体反思性认知的过渡。通过人心与道心的关系,薛瑄给出了天命之性与气质之性的重新阐释,性的本体论就在人心与道心的"知"与"复"中。与其说这是本体论的重诠,不如说是具有颠覆意义的知识论的建构,即建立在诗情之上的诗性知识论。这可以作为明代"知"论一个重要的转折点。

二、陈献章的虚静自得

明代"知"论的特点是注重自我的本心,以我心的良知明觉为主导,使义理不落于心知之外。陈献章的心性自得之学,承续于陆九渊与王阳明之间,成为明代心学不可绕过的一站。如果说陆九渊的心学是以本心与天理合一,内外都是一个理;那么陈献章则把宋学所注重的天理替换成了心中的体悟,从而把天理划归在人心之内。这可谓引领了明代心学的大体走势,也为王阳明的良知说奠定了基础。

这个由天理到人心的转移,体现在陈献章对"诚"的阐述中:

> 心之所有者此诚,而为天地者此诚。
> 夫天地之大,万物之富,何以为之也?一诚所为也。

> 盖有此诚，斯有此物；则有此物，必有此诚。
>
> 君子一心，万理完具。事物虽多，莫非在我。[1]

诚一方面存在于心中，是心所具备的知觉特性，同时也是天地万物生灭运化的根本依据。心—诚—物可以作为这种心学路径的概括，因此一心具有万理，天地万物都在自我的诚心体验中呈现并存在。"天地我立，万化我出，而宇宙在我矣。"(《与林郡博》)以诚为中介，心中具有了天地万物之理；而万理归于一个本体——"道"，"道为天地之本"。[2] 因此，道也由诚心得到体会，天地由我心得到建立。心的诚明知觉既包含了本体论，也把宇宙论涵盖在内。或者说，宇宙论和本体论都是由诚建立起来的。

诚的另一种表述是虚静：

> 夫道至无而动，至近而神，故藏而后发，形而斯存。
>
> 夫动，已形者也，形斯实矣。其未形者，虚而已。虚其本也，致虚之所以立本也。[3]

从道的本体意义上说，道没有形状方所，只以"虚""无"为本；而"至无"又蕴涵着"动"，动则已经是有形的存在物了。无形包

1 / 陈献章：《无后论》《论前辈言铢视轩冕尘视金玉》，《陈献章集》，中华书局1987年版，第55—57页。

2 / 陈献章：《论前辈言铢视轩冕尘视金玉》，《陈献章集》，第54页。

3 / 陈献章：《复张东白内翰》，《陈献章集》，第131页。

蕴有形，虚中含有实在，因此这种虚只是形式上的虚无，并非实质上的虚空。虚是指无碍于物：

> 人心上容留一物不得，才着一物，则有碍。
> 是以圣贤之心，廓然若无，感而后应，不感则不应。又不特圣贤如此，人心本来体段皆一般，只要养之以静，便自开大。[1]

物是指有形、有迹的存在者，是由人的知性建构起来的。物可以是一件有大小、形状的器物，比如一个茶杯；也可以是具体而形下的价值，比如某个特定群体认同的某种观念。这些具体而微的存在者，其存在的形式是由人建立起来的，因而这种形式是有限的。当有限物在心中存在，就会阻碍无形式、无方所的虚无道体的流行运作。道体本来蕴涵着动，动促使形式显现出来，而事物一旦有了形迹就必须从心中排除出去，这个排除的行为也就是静。静中可以养出动的端倪，而一旦成形则复归于静，这个虚静的功夫也就是诚心自得于道的途径。

陈献章的自得之道也同样体现在他的诗学中。他本来就是个诗人，这为他的学术增添了重功夫体验而轻义理阐说的特色。他的诗学一改宋诗注重义理的传统，转而以性情为主，以雅健为风。"作诗当雅健第一，忌俗与弱。"性情与自然在健与雅的功夫中得以融贯冥

---

[1] 黄宗羲：《明儒学案》，中华书局1985年，第84页。

合,以荡涤所有穿凿的痕迹。这种诗学理论与其学术思想是深为一致的。作诗同样以虚静为功夫,由虚静以致真性情而有雅韵,也由虚静而至真精神而自存乾健。"此身一到,精神具随。""若论道理,随人深浅,但须笔下发得精神。"(《次王半山韵诗跋》)虚静虽是诚心的功夫,但此心其实在自我之外,正如性情在自我之先;而自我却是由此心的功夫所给出,从而自我的精神才能与自然融合、与道体无间。因而,自我与道体都是由诚心的操持所建立的,在我与道合一的本体之上,再建立起天地万物等形而下的存在者,此即《中庸》所谓"诚者自诚也,而道自道也","诚者非自成己而已也,所以成物也"。诚心的操持很接近诗情的本源,也即先于主体的真性情。由此依次建立起主体、道体以及天下万物等存在者,这是精神人文在世间的流行。诗学的健雅就是诗情的隐显,陈献章的诗学已几近于诗性哲学的总纲。

三、王阳明的良知论

真正把"知"推到比本体还要更往前一步的本源层级,是从王阳明的"致良知"开始的。这套良知理论是把心中意念的发动蕴涵在良知本体的"全体大用"中,体的静与用的动都包含在"知"的范畴内。良知不再局限于寂然不动的本体,而具有了涵盖动静于一源的本源意义。推究王阳明的良知论为何会达到这样的"体用一源",可以从他的出发点——以心为理、心外无理开始,最终归于"知行合一"。从心中的良知开始推及万事万物,从而以心知包容整个世界,也包纳意念与行为。知与行的本源就在主体的一心当中,也只有从心里的本真感受中,去体贴天理人情的方方面面。

(一)知与行"体用一源"

阳明与朱熹的分歧,始于著名的"龙场悟道"。由于卷入了一场复杂的政治困境,王阳明被贬为龙场驿丞。孟子、朱熹之道成为他在此期间的寄托,并以读《易》为乐。他曾在晚年如此回忆这段习《易》的经历:

> 正德初,某以武选郎抵逆瑾,逮锦衣狱;而省吾亦以大理评触时讳在系,相与讲《易》于桎梏之间者弥月,盖昼夜不息,忘其身之为拘囚也。[1]

以文王拘禁羑里自况,可见阳明对易学的迷恋之深。历代以来,易学可分为卜筮和义理两部分,比如朱子重视卜筮,二程则更加注重阐释义理。但在王阳明这里,卜筮和义理是体用的关系,并且之间没有明确的界限。

> 卜筮是理,理亦是卜筮。天下之理

[1] 王阳明:《送别省吾林都宪序》,《王阳明全集》卷二十二,上海古籍出版社1992年,第884页。

孰有大于卜筮者乎？只为后世将卜筮专主在占卦上看了，所以看得卜筮似小艺。不知今之师友问答、博学、审问、慎思、明辨、笃行之类，皆是卜筮。卜筮者，不过求决狐疑，神明吾心而已。《易》是问诸天人，有疑自信不及，故以《易》问天。谓人心尚有所涉，惟天不容伪耳。（《以下门人黄修易录》）

卜筮与义理，正如格物与致知的关系那样一致。王阳明认为"意之所在便是物"，意念的指向就是事物，因而思辨笃行等日常与事物相关的活动也都包含在"物"的范围内。而格物就是在这些日常的行为中革除个人的私欲，使意念复归灵明澄净的心体。天理就在心的本体中，与心体是合一的，然而当意念指向了客体的事物并滞留在上面，心体就被私欲遮蔽了。格物是去除遮蔽，使心体恢复到天理的澄明，这也就是"学知利行"。格物与卜筮都是日常的功夫，格物致知的过程，就如同卜筮求理一样，都是通过功夫来回归本体。这就预设了这样的前提，即天理本体已经被看到了，只是还尚未达到，只能通过功夫来获得心与理的合一。从看见本体到与本体完全的融合，也正是致知的门径，知就在行中得以完成，也通过行而得到显现。

然而以知为体、以行为用依然不是最终的境界，此"学知利行"更高的一层是"生知安行"，在通过卜筮的途径以求获得天理之外，还有天理对于卜筮方法的涵摄。王阳明以此理解孟子的尽心、知性、知天,以为这才将知与行的体用一源发展到了极致。这时的"知",不再仅仅停留在从外部革除私欲,而是与天理达到了无间隙的融合,其中蕴涵着人情物事的全部活动,即"全体大用"。体用的无间显示为行为的无适无莫,达到了孔子的"从心所欲不逾矩"。知的这种极致境界即为良知,而良知也正是"易"的极简洁而至精微的体现:

> 良知即是易,其为道也屡迁,变动不居,周流六虚,上下无常,刚柔相易,不可为典要,惟变所适。[1]

良知就是天理,一方面是寂然不动,另一方面是感而遂通;故能"敬以直内,义以方外",变动周流而无所不适。学知利行也不过是为了达到这个终极的境界,剥去物蔽而回归体用无间的本源。"学者用功虽千思万虑,只是要复他本来体用而已,不是以私意去安排思索出来。"[2] 良知作为全体,在无方无形中包含了所有的行为事用,这也就是王阳明著名的四句教:"无善无恶心之体,有善有恶意之动,知善知恶是良知,为善去恶是格物。"前两句是讲良知的体与用,后两句是指格致的功夫:由格物而致知,依然是为了回归体用一源的本源情境,也就是善恶尚未区别的澄明状态。

1 / 王阳明:《传习录》下,《王阳明全集》,第125页。

2 / 王阳明:《传习录》中,《王阳明全集》,第58页。

(二)知到实处就是行,行至明察便是知

四句教的第一句已经揭示了知行合一的本源意义,而后面三句则是对知与行的分殊。由于知行都涵摄在先于善恶并不分善恶的"心体"里,王阳明难免面临诸如"发动善念就是善行"的批评。例如,王夫之就曾批判四句教以知代替了行,而导致人们只知不行。[1] 事实上,这也是王学批评者的主要目标,他们大体都认同王阳明的心学所导致的流弊就是走向了耽于心性而不切实际的狂禅。而这些批评,如果回到四句教本身来看,则需要对知与行做更加详细的分辨。

对王阳明来说,行不仅包括像王夫之所说的经验主体与外界交涉的实际行动、意志的发动以及学问思辨等身心内部的活动都属于行的范畴。比如在《传习录·答顾东桥书》里说:"学之始固已即是行矣。""必有欲行之心,然后知路,欲行之心即是意,即是行之始矣。"想要去做的意志,就像喜爱美丽颜色的欲望一样,都已经在"行"的范围内了,这样就与仅止于看见、觉察到颜色的"知"有了区别。"知"是灵明中的本体显现,心体从澄明空无中刹那间涌现出层次分明的时空领域,眼前的世界就这样骤然绽出。这个世界是美好的,而看见了这个世界,也就是看见了心体的纯善;而看见真切笃实的那一瞬间,也就进入了所见的这个世界,心体从而也就发用到这个有限的时空中,显现为主体的意志、欲求,喜怒哀

---

1 / 王夫之:"以知为行,则以不行为行,而人之伦、物之理,若或见之,不以身心尝试焉。"《尚书引义》,王孝鱼点校,中华书局1962年版,第76页。

乐随主体与世界的交涉而出现。这样，纯善无恶的心体就发动为有善有恶的心意，由于善恶只有在心意发动的时刻才产生，在这个经验中的有限时空出现之前，心体本身是无善无恶的。从无善恶的心体，到进入了有善恶的意念，都是由"知"给出的。既然良知已具备"知善知恶"的特性，那么当知到了真笃进入了世界的那一刻，"为善去恶"的格物功夫也就开始了。格物就是"行"，也就是在博学、审问、慎思、明辨中将所知的纯善本体推致到事事物物当中去。

知到真实的地方便开始了行，而在行的过程中也不能忘记随时回到知；否则就只是盲目的冥行，而不能从中精密地觉察到那个灵明的知，那么只能陷于孔子说的"学而不思则罔"。行是以心体为指导的，这个指导的作用就落实在由知而行的转换中，这也是从绝对主体性（心体）到相对主体性（为善去恶）的转化，离开了这个指导作用也就无从谈论"行"了。因此，行为的过程中必须不停地落实这个指导性转化，那么就应当不断地回到知。由行而知往往是在相对形而下的个人在时势前感到困惑，忧患之情会从这个相对主体中绽出绝对的心体，并回归本体的安乐。王阳明说："乐是心之本体。仁人之心，以天地万物为一体，訢合和畅，原无间隔。……时习者，求复此心之本体也，悦则本体渐复矣，朋来则本体之訢合和畅，充周无闻。"（《与黄勉之二》）这种仁爱安乐与朋友亲密无间的情感，正是无善无恶的诗情本源；在本源的知觉中，可见纯善无瑕的心体绽放,从而有了绝对主体——仁人的灵明知觉。"时习"是富于节奏感、体现着知行相贯的时间性的"行"。由此格物之行以达到致知,则是复归仁爱愉悦的诗情、洞见纯善无恶的心体,再由此心体的良知推扩到行为中去,格物致知往复不息,这也就是"致良知"的整个过程。

王阳明曾经以山中的一朵花为例,在看到这花之前,人并不知花的存在,而只在看到的瞬间,花与人一时明朗起来。这个例子过去常被用来证明王阳明是位"主观唯心主义者"。然而从"知行合一"上讲,就远非如此简单了。当花与人照面时,良知从罔然无知的个人意识流里绽出,主体看到了现象纷呈的世界,心情愉悦而安乐;而当主体从各个角度打量着花,筹划着与花的一场对话或共舞,这是知而行、行而知的反复交融,花的形象因此逐渐明晰、丰富起来。花的存在是在看花的行为中生发出来的,离开了这个行为,就不可能知道花是如此存在着;也因为对花的知觉如此真切,才更激发了看花的欲望,从而将看花、对花、穷解花中的道理这些行为继续深入下去。《红楼梦》里薛宝钗与史湘云筹备中秋菊花诗会,两人商议着以菊为客、以人为主,编出了一套"菊谱"出来,从忆菊开始,到访菊、种菊、对菊、供菊、咏菊、画菊、问菊、簪菊、菊影、菊梦,最后以残菊为结尾。[1] 人与菊花的照面虽不是从看见开始,却通过回忆暗含了最初的相见,继而在一系列的行为中将与菊的相

1 / 曹雪芹:《秋爽斋偶结海棠社 蘅芜苑夜拟菊花题》,《红楼梦》第三十七回。

知逐渐深入，而最终以菊花的残败为这一段相处的结尾，并喻示着下一段交往将再次从回忆中发端。从诗人反复不绝、余音袅袅的吟咏中，映射出了人与菊花生命中共同的诗性节律，而此节律是在相互珍惜的诗情中推进的，知与行的彼此契合就在这种节律中呈现出来。

良知中所见的心体是个形而上的本体，此本体也包含了它的发用。这个发用即是致良知的全过程，这也就是知行合一、体用一源。体中包含了用，是对传统本体论天人疏绝、知行两分的改造，也因而更贴近本源、更具有诗性的意义。体既显现在用中，也不能脱离用而独存，即使是"生知"也必须与"安行"协同，无善恶、无方所的心的本体只能体现在有善恶、有方所的意念发用中。王阳明主张心即是天理，本心的灵明知觉取代了客观的天理，或者说天理就在良知里面，那么本体也就消融在本源的忧患与安愉之中，诗性的情感指引着价值的取向。由此可以说，王阳明最先开启了本体论的本源化转换，他的良知本体论也是最接近诗情本源的。或许也正因此，他为明代的"知"范畴定立了基调，余风直至今日。

四、王龙溪的正心说

王龙溪本名王畿，是王阳明的弟子，也是阳明心学的主要继承者之一。他发展了王阳明的格物致知学说，把"致良知"的功夫分为先天、后天两种。先天功夫是从正心上立根,以先天的至善心体为出发点,把良知所知的"善"推致到后天的"诚意"功夫上。立于先天正心的基础之上,后天对意念的格致只是保持良知本体,并使其扩充流行,这样的后天功夫就会易简而不至于繁难。

王龙溪以正心为本、诚意为末的功夫论,可以概括为"于念而无念",似与禅宗以"无念"为宗的旨趣异曲同工。然而王龙溪却指出:"良知者性之灵,以天地万物为一体,范围三教之枢,不徇典要,不涉思为,虚实相生而非无也,寂感相乘而非灭也……学老佛者,苟能以复性为宗,不沦于幻妄,是即道释之儒也。"[1] 对性本体的坚守,是儒家的立根之本。唯有于儒家所秉持的性命之说坚定不移,才能同时以儒学统摄佛老两家之学。良知之性是灵明而生动的,同时也是真实而不虚罔的。良知最终会归于一念的清明主宰,而不至于流散于数个相对的存在者的意念中。当意念发生时,心体沿着意念的指向将自身扩充为相对的存在者时,善的价值则依赖这些存在者而存在或沦为其属性;这时,成为复合概念的善则失去了纯一性,而不再成为伦理判断。因而,所谓"于念而无念",也就是在意念将有若无的几微处秉持纯粹的"一念"至善,而不使其流于相对的存在者属性,这是对价值实有的确证。

这种对实有的肯定不同于佛道的虚无寂灭,虽说在方法上同样采取了即有而无的进路。对有无的解释,龙溪与以往儒家一样,虽以"无"作

[1] 王龙溪:《三教堂记》,《龙溪王先生全集》卷十七,清道光刻本。

为对各种相对的"有"否定性的限制,而同时又保守着"有"的实在性,即确认至善而又不认可各个相对有限的善性。佛家的寂灭则不同,那是对纯粹至善的根本否定,其所谓"无"是真正的无价值;然而对此无价值的认可中依然蕴含着价值,即对身体感欲的执着的绝望。正因有对体欲的执着,才会有所绝望,并由此绝望中完成寂灭,因而寂灭恰恰建立在对感欲所固有价值的肯定上。显见的是,对感欲价值的肯定,却正是儒家用"无"所悬搁的"有"——各个存在者的相对价值,即执着于一欲之蔽所产生的有限价值。只不过儒家在先天上虚置各种相对价值的同时,依然保留着情感欲望的实在性,这就是"于念而无念"的正心功夫。换言之,念可以看作实在的诗情流溢,顺势而下则容易把诗情的念物欲化为形下的念;因而"于念而无"是对这种形而下学的悬搁,从而成就了先天正心说,良知心体无非就是对这种形而上学的表述。

念是实在的诗情,正念则是在实在的基础上建立形上主体或心性本体。这样的性体是活泼灵动的,而又不是俗义上的随物流转,因而既能使良知推致万物,又不至于流散于物欲的蔽塞。如果说"于念而无念"是一种儒家式的寂灭,那么它与佛家寂灭的差异在于,后者将实在的诗情一并否定了,遁入无情、无生的不可思议的彼岸。道家则从另一面滑向对肉身存续的追求,反而令情欲滞着于物。这两条路被王龙溪归结为泥虚与逐物,均离儒家的"于念而无念"的良知论差别甚远。

在先天正心说的阐述中，王龙溪很重视寂与感的关系，他反对将二者分为两截，以割裂寂感为沦入佛道的门径。而由寂到感的转入点，在于保守至善一念的几微处；从一念、正念出发，即可将它扩充在万化流行当中，寂、感之间了无关隘。这种"即寂即感"保证了正心的先天具足，由此发用为后天的功夫。一念而下，先天、后天当下达到一致。这也就是他所说的："心为现在之心，则念为现在之念，知为现在之知，则物为现在之物。现在则无将迎而一之也。"与此相反的是："二心为念，是为将迎心，所谓邪念也。"[1] 正念和邪念构成了"念"的两层意义，而正心正念表明了对现在心、现在念的肯定。"现在"是纯善一念流转为现世智慧的枢几，在此几微处，先天完成了向后天的转换。

这个枢几是"于念而无念"的诗情本源向正心、正念的形上本体的转换，也就是从前主体性中确立主体性的转化节点。正念是超越了有限存在者的纯善之念，相当于诗情中的觉知。正念只能从诗性的言说中生发出来，因而是一种诗性的本体论。而正是在此诗情的表述中，体现出主体的时间性——现在；由此出发，可以继续升起主体的伦理反思，生发出现实的价值论辩，逐渐形成言之成理的伦理话语。王龙溪的"现在"提澌起了从诗情之知到理性之知的时间性觉知，并提点出心—念—知—物的构架，从中足以开启诗情本源—诗性本体—诗性伦理的层级结构。不过值得注意的是，虽然王龙溪的这个构思具备了统合体用的潜力，但由于他过分注重

[1] 王龙溪：《念堂说》，《明儒学案》，中华书局1985年版，第256页。

了体用的一源,反而导致了用的隐而不彰,如何由体达用的枢几依然是不明晰的。体的完备反倒遮盖了用的开显,这也是他受到"近禅"非议的地方。

五、黄绾的知止

作为王阳明的弟子,王龙溪、钱德洪从正心诚意上各自立说,虽说相互之间有批评指摘,大体还是依循着王阳明心学的故有话语继续前行。而黄绾则打破了这个话语形式,从老师对《易》与《大学》的研究中寻求资源;他援引《易经》的艮卦,并与《大学》比照,从中析取出"知止"的意涵,从而对王阳明学说有了格局上的拓展。《大学》有云:"大学之道,在明明德,在亲民,在止于至善。知止而后有定,定而后能静,静而后能安,安而后能虑,虑而后能得。"知止既是《大学》的旨趣,也是《易》的精髓,合二者而言,黄绾提出了他的"止其止"的学说。

前一个"止",是指致知的功夫;而"其止",是致知的目标或功效,也就是格物。这正像"艮"的内外,"内艮之止,心也,外艮之止,背也"。[1]在内止于心体,而心体也是天理的所在,由此而得到心的安定。心安之后才能由虑而至于得,由内及于外。

从止于内在的心体,到止于外在的行为,就是从致知到格物的发用。这也是由静而动的用行舍藏。这样的动是"明"动,因而"行

---

[1] 黄绾:《明道编》,中华书局,1983年版,第2页。

止皆当""常静而常明",使"动静不失其时,其道光明"。[1]

内外、动静、体用的判分,使黄绾之学有了迥异于王畿的特质。黄绾以此批评王龙溪所说"近禅":

> 夫圣学者,所以经世,故有体则必有用,有工夫则必有功效,此所以齐家而治国平天下也。禅学者所以出世,故有体而无用,有工夫而无功效,此所以虚寂无所住着而涅槃也。[2]

在黄绾看来,佛学与儒家最根本的不同是没有打开功效的一端,而这也是佛家最误人的地方。他认为自从伏羲尧舜以来,"艮止"的精义渐渐丧失,人们渐趋功利,直到佛学传入才开始讲求禅定功夫,"然功利之害人也浅,而禅学之害人也深"[3]。因为一旦忽视了功效,就从根本上背离了圣人之学。

值得注意的是,黄绾的内外之分在于由安到虑,再到得的过程。所得者为万物所由之道,虑而能得就是从致知到格物的转换。在尽心、知性、知天之后,还要有存心、养性、事天,也就是"收拾精神,归缩在腔子内",并以此解释孔子的"成性存存"。[4] 在通晓了天理之后,把心重新放在身体内,成就一个世间的君子风范,这

[1] 黄绾:《明道编》,第44页。
[2] 黄绾:《赠王汝宗书》,《石龙集》卷二十,明嘉靖年间刻本。
[3] 黄绾:《明道编》,第1页。
[4] 黄绾:《明道编》,第43页。

才是圣人的道义。这其实也是由知到行的实现，止于内为知，止于外为行。因此，这也是黄绾违背王门"知行合一"教的嫌疑所在。然而黄绾主张致知功效在格物，未尝不类似阳明的"意之所在便是物""为善去恶是格物"。只不过在坚持心体的基础上，黄绾着意从内外两个层面对知行做一个划分，这可以作为王学的另一脉发展。

黄绾对王龙溪的批判，可以视为从诗性本体论向诗性伦理学的一步重要起步。知行二分向来被称为二元论或功夫论的二元论，与王龙溪主张的一元论相对。[1] 而若王龙溪的良知学是对王阳明心学的深入和细化，那么他所拒斥的二元功夫论未曾不是对其学术边界的拓展。致知与诚意是阳明良知论的两层，当龙溪把它分为先天功夫与后天功夫时，也就开辟了一元与二元功夫论的分立之先河。只不过龙溪以"一念"衔接先天正心与后天诚意的缝隙，试图融贯本体与功夫。也就是说，正念、本念就是良知本体最初的发用、几微之端，它与本体几乎没有区分，以此统合先天与后天功夫。然而这里依然存在着一个迷惑，既然一念已是良知的发用，又如何混淆于本体？念杂于体用之间，似乎为后来的知行二分留下了余地。

从诗情的本源上，王龙溪与黄绾之间并没有抵牾的地方，二人的分歧只在形而上的本体与形而下的伦理层面。龙溪并没有发展出一套清晰的语言，来把诚意功夫和良知本体说清楚。所谓二

---

1 / 彭国翔：《阳明后学功夫论的演变与形态》，《浙江学刊》2005年第1期。

元论,其实只是以"功夫"的条贯,来清理形上之知与形下之知的分疏。从这里出发,儒学的体系化向着更加完备的方向发展,也更为切近诗情—诗性的话语系统了。

六、聂双江的"良知本寂"

知行二元的分流,自然会将良知推向本体的高度,并与形而下的行为功夫拉开距离。把良知学发展为德性本体论的,是阳明后学中的另一位代表人物聂双江。他提出了良知本是寂灭的命题,因而"学问之道,自其主乎内之寂然者求之,使之寂而常定也,则感无不通,外无不该,动无不制,而天下之能事毕矣"[1]。把良知视为寂静常定的本体,殊绝于念念相接续的功夫,这就使本体不再假于外求,而外在的事物都能依靠本体得到安顿。这与黄绾的心安而虑得是一致的,不过聂双江把"心安"定在了完全静止的状态,因而与功夫论有了明确的区别。除了坚持以阳明学的内在心性为主导,这种寂然不动的本体论常受到同门的针砭,尤其是王龙溪对其将"已发"和"未发"分在两边极为不满。

> 窃意良知无分于未发已发,所谓无前后内外浑然一体者也。
>
> 所谓"致知在格物",格物正是致知实用力之地,不可以内外分者也。若谓工夫只

[1] 聂豹:《答欧阳南野太史三首》,《聂豹集》卷八,第241页。

是致知，而谓格物无工夫，其流之弊便至于绝物，便是仙佛之学。徒知致知在格物，而不悟格物正是致其未发之知，其流之弊便至于逐物，便是支离之学。[1]

王龙溪虽同样主张在未发上用功，但他反对聂双江把寂灭与感知理解为互相隔绝的静态之物，就如同花果枝叶和根的分别一样。[2] 格物和致知、先天和后天功夫，在龙溪看来，只是哲学话语的不同层面，在存在或超越的意义上从来不曾分离，而聂却把两个不同层级的话语各自作了实体化的处理。

聂双江把已发的"知"和未发的"良知"分为两个部分：第一层是本体论意义上的，就是以寂灭为本的良知；第二层是由体发作而成的用，也就是感物而起的知。"良知本寂，感于物而后有知。知其发也，不可遂以知发为良知，而忘其发之所自也。"[3] 知作为良知的发用，依然包含在本体之内；那么只要存养本体的寂灭，万化流行就自然而然了。"故致良

---

[1] 王龙溪：《答聂双江》，《龙溪王先生全集》卷九，清道光刻本。

[2] 聂豹："原泉者，江淮河汉所从出也，然非江淮河汉，则亦无以见所谓原泉者。故浚原者，浚其江淮河汉所从出之原，非江淮河汉为原而浚之也。根本者，枝叶花实之所从出也。培根者，培其枝叶花实之所从出之根，非以枝叶花实为根而培之也。今不致感应变化所从出之知，而即感应变化之知而致之，是求日月于容光必照之处，而遗其悬象著明之大也。"《与欧阳南野》，《双江聂先生文集》卷八，明隆庆刻本。

[3] 王龙溪：《答聂双江》，《龙溪王先生全集》卷九，清道光刻本。

知者,只养这个纯一未发的本体;本体复则万物备,所谓立天下之大本。"¹ 这看似与王龙溪的正心功夫一致,但其实却是两分的。王龙溪的正心同时也是格物,先天与后天没有时空上的区隔,而聂豹却分在两边:

> 虚灵者,镜之明。见闻者,镜之照。磨镜者,亦惟于本体之明去其尘垢班蚀,而于照则随物应之,已无所与也。而反有所谓纷扰胶固者,只为本体先受其病,故物交物,引之而去,不难也。²

他把虚灵良知和见闻之知分为两物,如同镜子本身与镜中照影。这样一来,只要磨光镜子就可以了,否则镜面污浊,将会为物所引、陷于胶着。那么问题是,磨镜的功夫究竟是先天还是后天?聂豹的回答是先天的,然而镜面上的尘垢却属于后天之物,否则何来"物交物"?如果说,良知本体可以附着形下之物,那么磨去此物岂非格物的后天功夫?那么这又成了做先天功夫,且与其所宣称的只需存养本体的说法矛盾。事实上,聂已将阳明的独知即良知之说剖开,³把独知解为良知的已发之端,与见闻分属路头路中。

1 / 聂豹:《困辨录》,《明儒学案》,中华书局1985年版,第386页。

2 / 聂豹:《幽居答述》,《聂豹集》卷十,第317页。

3 / 王阳明:"所谓人所不知而己所独知者,此正是吾心良知处。"这是王阳明解释朱熹《中庸章句》中的"独者,人所不知而己所独知之地也"(《传习录》下)。

这样就从实体性的时空维度上分解了知行,这也正是他所受到割裂体用的诟病所在。

归结起来,聂双江的体用分离其实源自程颐:

> 程子曰:"心一也,有指体而言者,寂然不动是也;有指用而言者,感而遂通是也。"鄙人所谓体用者盖本诸此。不睹不闻与寂然不动,戒慎恐惧与致虚守寂,同乎?异乎?恐不可以出于鄙人之见,而遽异视之也。[1]

通过寂然不动的功夫,可以致良知本体;而良知又可以感发于用,从而有了戒慎恐惧的格物功夫。这样的先后之分,其实是程颐的体用概念,体静而用动,体先而用后。这样孤悬寂体,难免遗失了为本体奠基的诗情之源,使体隔绝于生生不息的本源。最终,本体也只能归于佛学的静止寂灭,这也是王龙溪所批评的流于仙佛。[2]

聂双江也意识到了寂感分离的弊端,他做出说明:

> 夫无时不寂,无时不感者,心之体也。感惟其时而主之以寂者,学问之功也。故谓寂感有二时者,非也;谓功夫无分于寂感,而不知归寂以主夫感者,

---

[1] 聂豹:《答黄洛村》,《聂豹集》卷十一,第411页。

[2] 王龙溪:"若谓工夫只是致知,而谓格物无工夫,其流之弊,便至于绝物,便是仙佛之学。"《答聂双江》,《龙溪王先生全集》卷九,清道光刻本。

又岂得为是哉!¹

在承认寂是体、感是用，二者不是同一个时空范围内的事情，也不是一个层面上的问题的同时，聂双江指出了寂是无时不在的，而感是"惟其时"而存在的，因而功夫应归寂而主感。也就是，不在时间领域内做功，而在超时间的本体上做功。然而他依然回避不了一个问题，如何从无时间的本体中发起并主宰有时间性的情感之用？要开通体用之间的丘壑，他又指出，良知的作用不再是从安到虑、再到得，而是反过来，由外在功夫推知内在心体，也就是"归寂"：

> 盖仁即心也，心即知也，知即物也。外物以求知者为虚寂，外知以求心者为枯槁，外心以求仁者为袭取，外仁以求学者为泛滥灭裂。……良知者，通天地万物为一体也。忍其毒而弗之觉，犹弗知也。²

良知之所以通达天地万物，在于由外在的事物归于内心的寂灭之知，这是合内外如一的途径。然而这又违背了聂双江所坚持的体先用后、体发为用的初衷。总之，聂豹的理论虽可说是立于阳明的基础上，又不免向程朱有所回归。究其原因，是对阳明的良知缺少本源性的理解，

1 / 聂豹：《答东廓》，《双江聂先生文集》卷八，明隆庆刻本。

2 / 聂豹：《重刻传习录序》，《聂豹集》卷三，第45页。

而脱失了诗情的本源,体用之别也就失落了根基,流于仙佛也在所不免。而现在的问题是,阳明后学中是否有能从本源中开出形上、形下的条贯之可能?如果从话语的层级上开通了,那么一条诗性伦理的坦荡通途也即将打开,足以令人拭目以待。而在晚明的思想家里,究竟能否出现这样的可能,依然是个悬而未决的问题。

聂双江的好友罗洪先对良知归寂说进行了发展,同时也有所批判。比如:"未发非时也,寂无体不可见也。见之谓仁,见之谓知,道之鲜也。余惧见寂之非寂也,是故自其发而不出位者言之,谓之寂;自其常寂而通微者言之,谓之发。"[1]在他看来,感知不出位,从语言上就可以称为寂;而寂能感通于几微的时机,这种感通的发用就可称为感。这就超越了聂双江把寂感看作两个不同实体的做法,把二者之分放到了语言的层次上来说明。这样的本体论比较接近诗情之知:感的流行而不逾界,其实就是诗情的本源,可以统称为寂;由寂而发也就是通于几微,从诗情中确立绝对的主体;先天功夫就是前主体性的寂,后天功夫就是主体性的感。这种接近两个语言层次的划分,比起王龙溪的偏于先天一隅已是不同;只不过先后天的区分还停留在形而上的话语中,如何从寂感之分发展出形下的伦理语言,依然有待开发。

---

[1] 罗洪先:《读困辨录钞》,《明儒学案》,中华书局1985年版,第422页。

七、王艮的良知现成论

作为王阳明晚年的学生,王艮更容易接受

到他相对成熟的思想,这与王艮的学术更显圆融、更贴近日常生活也许有些关系。王艮的名字是他老师给改的,因为他本字"汝止",而"艮"卦在《易经》有"止"的意思。那么王阳明究竟希望他止于何处呢?这与黄绾的知止又是否有一些关联呢?这些问题很难得到清晰的解答,却可以成为探索王艮思想的导引。

王艮是泰州学派的创始人,上继王畿的良知见在学说,中启平民讲学之风,下开阳明后学的转向。这个转向也就是从"心安"到"身安"的过渡。在王龙溪后学中,当下见在的良知本体是超越的,正心、正念不能等同于形而下的对象物;心念只是本体论语言层面上的形而上者,而不是有具体内容的形下事物。而在王艮这里,心不但充实为具体而微的形而下者,并且还被安放在了有形有质的身体中。

这个对身心的体认,是在格物中完成的。王艮的格物也继承了王畿的先天功夫。格物就包含在良知当下的呈现中,属于先天的功夫,良知呈现的途径就是持敬修养,也就是格物。"识得此理,则现现成成,自自在在。即此不失,便是庄敬;即此常存,便是持养。真不须防检。不识此理,庄敬未免着意,才着意便是私心。"[1] 不同的是,格物的目的是"知本",而这个本则以"安身"为内容,由此推出齐家、治国、平天下,指向了现实的伦理政治。也就是说,王艮率先把先天功夫充实成为伦理学说,开创了一套以身为本的伦理价值话语。

1 / 王艮:《语录》,《王心斋先生遗集》卷一,袁承业重编本。

这个充实是当下现成的,是直接的良知良能的显发:

> 明哲者,良知也。明哲保身者,良知良能也……知保身者,则必爱身如宝;能爱身,则不能不爱人;能爱人,则人必爱我;人爱我,则吾身保矣……能爱身者,则必敬身如宝;能敬身,则不能不敬人;能敬人,则人必敬我;人敬我,则吾身保矣。……知保身而不知爱人,必至于适己自便,利己害人,人将报我,则吾身不能保矣。吾身不保,又何以保天下国家哉!若夫知爱人而不知爱身,必至于烹身割股,舍生杀身,则吾身不能保矣。吾身不能保,又何以保君父哉![1]

当下的正念、正心不需要思虑,因为一旦有了思虑的方向,就陷于欲念、妄念;良知的当下具足,保证了它能给出完整的伦理观念,发展出齐备的伦理话语。这个伦理观念就是明哲保身。良知直接指向了形下的对象物:"身与天下国家一物也。"而物有本末,以身为本,家国天下为末。本和末的关系是由"格"决定的:"格,絜度也,絜度于本末之间,而知本乱而末治者否矣。此格物也。"[2] 也就是说,格物就是良知从当下绽放出来一定的结构样式,并由这个样式组织起了事物的本末,把伦

---

[1] 王艮:《明哲保身论》,《王心斋先生遗集》卷二,袁承业重编本。

[2] 王艮:《语录》,《王心斋先生遗集》卷一,袁承业重编本。

理价值纳入了语言的形式。在王艮看来,身体如同"矩",而国家天下是"方",格物就是规定了矩和方的上下结构,"矩正则方正矣,方正则成格矣,故曰格物"。本是在"物格"中确立的,格物、修身就是良知的末端,也就是良知充实起来的形态。或者说,良知的充实本身就是格物,其呈现出来就是物格而知至,身、家、国、天下以"格"的形式各得其位。那么,所谓本末,其实不过是形而下的结构而已,可以用"格"的话语来描述,格物就是一套伦理语言。

王艮的这套伦理话语是当下呈现的,而在逻辑性的推导上似乎有所欠缺。比如,为什么把身当作本,而天下作为末?这个本末的关系又如何由"格"来解释?对于良知的不思不虑、当下现成,他往往只是给出实例的叙述。在邹德涵的语录中记载,曾经有一个朋友问他,什么是"无思而无不通"。他就呼唤他的仆人回应;尔后他命令仆人端茶,仆人立刻就把茶端来了。朋友再问,他就回答说,这个仆人先前没有期待被我呼叫的心,而我一呼就应,这就是"无思而无不通"。朋友依然怀疑,认为这就成了满天下都是圣人了。王艮则答道,良知只不过就是日用而不知,如果睡着了,或装作不回应,就不是当下现成的正心。他随即举了王阳明的例子。有一天,王阳明和学生讲"大公顺应",学生都不领悟。后来他和学生们在田间漫游,看到一个耕农的妻子送饭,丈夫接受了食物,吃完了一同离去。王阳明说:"这便是大公顺应。"学生尚且怀疑,王阳明却说,这个耕农是日用不知的，然而如果因有其他事恼怒起来，就失去了这个心体。[1] 作为仆人、耕夫，他们不具备道德的理性觉知，不能用知识理性把价值语言组织起来，只在依本源的良知良能表达和行动。然而这样的话语和行动，一旦诉诸理性的语言，就是物格而知至的伦理话语。

百姓日用不知，因为他们的言行只缘于诗情的自然流淌，其言行都是本源的，有情感而尚未进入理性的反思。如果对他们的行为做一反思，则可以建立起形而上和形而下的语言层次。这种无知觉的诗情本源，就是王艮所说的"中道"。而如果有"先觉者"令其知觉，也就有了心、身、念、物的分别，有了形上形下的分列。本源情感和理性觉悟是自然开显的，而理性也会化入诗情之中，从而成就不断自我觉知的主体。至此，王艮已经触及诗情本源—诗性本体—诗性伦理的层次架构了。然而他却不愿再发展下去，不希望先知点破众生，让他们掌握理性的语言，确立自己的主体性。因为他认为，一旦落入了见仁见智的分别中，就成了"妄"，而"妄则不得谓之中矣"[2]。然而仁智正是格物致知的必要成分，否则从诗情中生发主体性的通道会被阻滞，良知就会失去自我挺立的机会。如果说王龙溪未曾建立主体性伦理话语是偶然和不经意的；到了王艮这里，蒙昧大众则成为刻意和必须的，这似乎也是他自己的良知所决定的。

---

1 / 邹德涵：《聚所先生语录》，《明儒学案》，第354页。

2 / 王艮：《语录》，《王心斋先生遗集》卷一，袁承业重编本。

虽说王艮开创了为平民布道的新风,但他的目的却恰恰是不希望平民学道。或者说,他所认为的中道,就是圣人在上如风,愚众在下如草,并且上下都自认为分享了良知、领会了中道。然而这种分享,却是以圣人的主体性涵盖或消泯众人的主体性为结构的,即众人都以圣人为主体。这种伦理结构也是皇权时代所特有的,暗含在每个人的诗情良知中,并显现在伦理价值的共同体认中。

应该承认的是,王艮毕竟开出了"身体"这个伦理的根据。有身有心,才是完整的伦理学的开端;而安心在安身,更是把身体置于更为原本的地位。从身体出发,得出人己互利而不互害的立场,作为伦理学的依据,已经十分接近现代性的个体价值。然而,有身的个体却可以无心,有个体存在者却没有相应的个体性,也是皇权时代的一个特征。在三纲的统摄下,跟随圣人引导下的本源欲求而生活,是民众无可选择的现成良知,这或许也是王艮学说最为值得深思的地方。

八、罗近溪的"赤子"良知

王艮把良知还给了满街平民,罗汝芳(号近溪)则进一步将它还原为初生小儿。人刚生下来,视听言动以及心思都浑然一体,随着人的成长,心念和行为才渐渐分为两处。那么要正今天的心,必须先回到初生时候的心;而初生的心又不曾与最初的视听言动分隔,本身就是"纯然至善之天机"。"天初生我,只是个赤子;赤子之心,浑然天理。"[1]在成人的世界里,难免有各种忧思困惑。回到了婴儿状态把主体性的思虑去除,只留下与父母兄长的天然亲情,其所见所闻、所啼所摸,都与亲人融于一体,在没有主与客、物与我的区隔中自在地显露出来,而这种无间然的情感也就是本源的诗情。

罗近溪的"赤子之心"彻底地放下了主体的理性,而王龙溪所谓的正心、正念,到了罗近溪这里似乎已经成为勉强成立的东西。那么身与心的区分似乎也不再如此必要:

> 天地生人,原是一团灵物,万感万应而莫究其根原,浑浑沦沦而初无名色,只一心字,亦是强立。后人不省,缘此起个念头,就会生个识见。因识露个光景,便谓吾心实有如是本体,本体实有如是朗照,实有如此澄湛,实有如是自在宽舒。不知此段光景,原从妄起,必随妄灭。及来应事接物,还是用着天生灵妙浑沦的心。[2]

在罗近溪看来,人初生之时与外界并没有明确的分隔,也即"一团灵物"。虽说是物,而未尝是物,只是尚未对象化的诗情体验罢了。而所谓的心、念,不过是后起之物,无论将它

---

[1] 罗汝芳:《射编》,《乐编》,《近溪子集》,明万历刻本,第6—10页。

[2] 罗汝芳:《坤编》,《近溪子续集》,明万历刻本,第33页。

说成是形而上，还是形而下的对象，都是缘于诗情本源而升起的念头。心识原为妄念，而把它执着为本体，则更是勉为其难。这段说法，可以看作对王艮的以心念为妄之论的继承。不同的是，王艮由本源的良知出发，当下直接开出了身—心俱备的伦理学，依然是面向现实生活的。而在罗近溪看来，有形有迹即不免于妄，似乎由于生怕落入妄的世界中，他有意避免了有形迹的对象话语的给出。因而他对"身""心"的描述只是本源层面上的，虽可以无限广延伸缩，却没有充实为本体论或伦理意义上的身心概念。

值得指出的是，相比王艮的以身为本的诗性伦理学，罗近溪有关身体的叙事都是去本体化的诗性言说，可谓开创了以身体为视域的诗情哲学。正因他没有把身体扩充为具体有形的对象物，他的身体观才可以通达天地而无所不包。王艮的学说立身为本，而罗近溪则以身为道："大都道具吾心，而吾身即道，真机随处洋溢，功夫原无穷际。"[1] 以身体为良知发端的本源，才能在当下体验中顺适诗情的流行，这样的身体只是体道的眼界或视域，却不是主体性的立足点。换句话说，王艮试图把身体封闭起来，成为一个个体；而罗近溪则把身体完全敞开于诗情的视域中，与万物的流变融合不分。

虽然罗近溪不着意于建构伦理话语，却并不回避伦理价值。他认为，从本源的身体视域出发，顺适当下就可以得到价值判断。

[1] 罗汝芳：《罗汝芳集》，凤凰出版社2007年版，第371页。

"仁者人也，亲亲长长幼幼，而天下可运之掌也。是此身才立，而天下之道即现；此身才动，而天下之道即运，岂不易简，岂为难知！"[1] 他所谓易简之道，就是从身体的本源体验中，直接领悟到家国天下的治理法则。并且，这种伦理价值是由不假思索、不着文字的顿悟取得的。由于人人都有身体，而身体又都是上达天理、下贯人伦的本源体会。这样，无论圣俗，都可以经由这种体悟直达天下之道，也就是真的"满街都是圣人"了。

这里可见王艮与罗近溪的根本差异。王艮是现实而理性的，他对平民的教化，是以把每个人都安放在三纲体制中的一个位置上为目标的。因此圣人有心有身并指导众生，而众人有身无心，只能依靠本源情感而行；但众人的诗情与圣人的诗情不一样，后者有整全的结构（诗情本源—诗性本体—诗性伦理），前者却只有第一层，其中包含着圣人的指引却不能为无心之众所了解。这种"风行草上"的伦理设计是符合当时的历史情境的。然而罗近溪却显得相对理想化得多。由于他把身心都涵摄在本源之内，并不曾诉诸理性的话语。因此，虽说同样重视身体，主体性的挺立在他这里反而淡化了，圣人与凡人的分际也从而消泯了。无论圣凡都随着无理性的诗情漫游，不再需要主体性的觉知，圣人对众人的暗中指引也不复存在。因而可以说，从罗近溪开始，才打开了"狂禅"的风潮。

---

[1] 罗汝芳：《罗汝芳集》，凤凰出版社2007年版，第65—66页。

九、李贽的以童心求真知

将泰州学派推至高峰的,是王艮之子的学生李贽。李贽既是王艮的再传弟子,也同时受学于罗汝芳,他的"童心"论就得自罗的"赤子之心"。只不过,李贽宣扬童心,是为了针砭当时的"假道学"之风:"辗转反复以欺世获利,名为山人而心同商贾,口谈道德而志在穿窬。""阳为道学,阴为富贵,被服儒雅,行若狗彘。"[1] 他所反对的假道学,不但包括宋明理学家们,还将矛头直接指向了《论语》《孟子》等经书。他认为,这些传世经典不是史官的褒扬之辞,就是臣子的赞美之语,要么就是迂阔的门徒回忆老师讲过的话,有头没尾地记录了下来。而后学只将这些认作圣人嘴里说过的话,并奉为经典。其实孔子当时只不过根据具体的情境和弟子的不同情况,因病下药。当时的药方又怎么能适合现在的病情呢?因此,李贽提出:"天生一人,自有一人之用,不待取给于孔子而后足也。"[2] 又把人的求学致道比作挖地取水,水流是无时无处不在的,那么人也无时无刻不在载道当中。这如同把道统看作是历史的、连续的,而不寄托在某个儒者身上;任何一种学说都是道的体现,任何一位学者都可以作为道的承载者。并且,如何承担起道的大任,还在于人自身的领悟和谋求,这就像掘地找水源一样地自发与自觉。他拒斥走古人走过的脚印,前

---

[1] 李贽:《又与焦弱侯》,《焚书》,中华书局1975年版,第49页。李贽:《三教归儒说》,《续焚书》,中华书局1975年版,第76页。

[2] 李贽:《答耿中丞》,《焚书》,第16页。

人之迹都只是假知,而提出用自己的童心寻求真知。

(一) 守童心以成真人

在李贽看来,正像童子是初生的人一样,童心是尚未与外界接触并受到耳目闻见遮蔽的本心。道学之所以是假的,是因为这种学说总把从以往的见闻中得到的知识当作真知,而不能用自己的本心去求知,因而是以假人认假知。假人失去了童心,反而将道看成了可以为私意裁切的对象。宋儒所谓天理人性,不过是割裂经典为己所用的虚假言说。李贽认为,道就在百姓的吃饭穿衣中,除此而外更没有什么与百姓不同的道的存在了。

李贽的这个观点承继了泰州学派的为道日用观,但也有不同。王艮、罗汝芳虽然也将百姓日用作为良知的当下显现,这和圣人的现成良知从形式机理上都是一样的,不过在实质上是有区别的。百姓在诗情中体会到的是作为臣民在三纲中的位置,因而童仆有童仆的本分,农夫有农夫的职责。而圣人君子从诗情体验中呈现出来的是自己的主体性以及对所担当职分的体察,比如如何教化民众、如何正名行政。只不过从王艮到罗汝芳,已经出现了齐同凡圣的趋势。罗注重超越的诗情层面上的平等,而忽略了主体性上的根本差异(主体性原是只属于圣人的),这就等于赋予平民以变通伦理的钥匙。自此以往的趋势本应是,人人皆可成圣,人人自正其名,这就需要主体性的个人化或个体化。

然而,或许因为对理学长期以来的反感,作为圣俗之别的主体性被有意无意地轻视了，理性的价值判断因而在所有人那里都被轻忽了。取消圣人的主体性，同时也没有给俗人以确立主体性的圭臬；本该从少数人流向多数人的主体性，结果却无法在个体上确立起来。这就导致了每个人都不愿被约束，也无人愿意节制自己，非理性的情欲遂高涨起来，诗情由于缺少理性的建构而流于人情。这个趋势发展到了李贽，则出现了一个逆转，他主张树立真心为本体，也就是他所谓"真道学"，并以此真心为根据树立真人，这就近乎个体性的显露了。只不过，真心本体依然没有脱离道学的模式，而这个道对于百姓来说，直接就是吃饭穿衣。换句话说，本想为每一个生民确立主体性和个体性，到头来却只好把百姓日常生活的细琐体验认作了本体。

以童心为本体的观点，相当于旗帜鲜明地向理学的"存天理，去人欲"提出挑战，也难免给李贽带来了诸多攻讦。天理在人世间的体现就是礼，而在礼法范围内是要驱逐童心的，这是"童心"历来是个贬义词的原因。然而李贽如此决绝地把童心安置在人们所"共知而共言"的本体地位，或许也诚然有其原因，用他的话说就是，求真知、述"真迩言"，[1] 以求成为"真人"。这里的"真"，就是从日常生活中最为真切的情感和欲求出发，每个人只要说出自己本真的所思所欲，就是纯粹的"真迩言"；在这种纯真的话语里确立的主体理性，就是真知，再由此充实起来的个人就是真人。处于明清之际的社会转型期间，官僚体制与乡村地主

---

1 /《中庸》："舜好问而好察迩言。""迩言"指百姓日常使用的自然语言。

阶层之间的矛盾加剧，以往本与君臣纲常的"天理"已受到现实中新力量的剧烈冲击，而个人化的叙述也从这时开始萌发。以童心求真知的观点，正是这种个人化叙事的端绪；只是童心已然在诗情里呈显，真知却还有待完整、成熟的构建，而不慎将童心认作真知则又易招来更多仇视和反对。李贽一生唯求真知，却难觅知己，即便在晚年出家流寓中，也不忘对"知我""重我"者的深切怀念，或许也是这种童心的真实流露。[1] 这童心本就是诗情最真实的显现，即便是真知尚未造就，童心说也已经描绘出一位真人诗化的一生。

（二）以私心立人伦

从日常的吃穿用度中，李贽得出"人必有私"的结论。

> 夫私者人之心也，人必有私而后其心乃见，若无私则无心矣，如服田者，私有秋之获而后治田必力；居家者，私积仓之获而后治家必力；为学者，私进取之获而后举业之治也必力。[2]

因而，私心就是"自然之理"，没

---

[1] 李贽："我之所以不回家，不他往者，以友山之知我也。我自幼寡交，少知游。……深知我者无如周友山。故我不还家，不复别往寻朋友也。……且友山非但知我，亦甚重我。夫士为知己死，何也？知己之难遇也。"这是李贽晚年寓居湖北麻城龙湖边僧庵中所作的《豫约》。因感到死期将近，所以写下身后还想继续的功课，而加入了自己的生平记叙和感怀。（《焚书·杂述·豫约》）

[2] 李贽：《德业儒臣后论》，《藏书》，中华书局1974年版，第544页。

有什么更高的本体可以悬空架在私欲之上。或者说，一切道理都从私心出发，而以私利为终点。无论做生意的还是做学问的，无论圣人君子还是平民百姓，从道德上不再有高下之分，因为每个人都要从最真实的私欲开始。而只要从每个人分享的共同生产事业上着手，任何人的所言所行都是有根基、有道德的。

因此，人的生命欲求与道德情操是联系在一起的，这就是李贽提出"为道而死"的观念之由来。他这样评论何心隐的死：

> 死得其死，公又何辞也！然则公非畏死也，非不畏死也，任之而已矣。……彼谓公欲求死以成名者，非也……夫忠孝节义，世之所以死也，以有其名也。所谓死有重于泰山者，是也。未闻有为道而死者。道本无名，何以死为？公今已死矣，吾恐一死而遂湮灭无闻也。
> (《焚书·何心隐论》)

李贽认为何心隐不是为了一般人所趋附的名声而死的，如果为了所谓"忠孝节义"而赴死，这是世人的为名而死，为了身后留名"重于泰山"而死，但这种赴死的目的并不是李贽所赞同的。他所持的是另一种死亡观，即像何心隐那样的"为道而死"，认为这是"死得其死"；但同时也担心这样的死会淹没无名，内心还是期待道与名是可以相匹配的。然而道原本是无，不能用语言表达，那么如何能够与名相配呢？李贽接下来说："人几数万，无一人识公者，无不知公之为冤也。"可见他把"名"的有无放在人们的心中来考量，然而遗憾并没有人有真情、真心、真知，只好慨叹"当日之人心可知矣"。道本无名，"无"就是人与人之间真挚的本源情感，而当这种诗情被各种所谓的"有"遮蔽了，人们或许会承诺那些死得其"名"者，却忘记了那些本真的随道而生、随道而死的人。而这些人才是值得有名、应当被纪念的。他们的身体、情感与道德理性都是道的体现，他们的生死也需要由道来正名。但正名的主体则是那些理解他们的"知己"，也就是由从情感上彼此融通、在理性上相互理解的人们来为其正名，可叹的是这样的知己太少，对何心隐如此，对李贽依然如此。

在诗情共通的基础上，理性的是非不是凭空构造的，而是依据每个人的当下体悟和判断。这样，人就不再不加思索地认同旧的名教理念，而是立身于当下真实的欲求形成判断，希求去创作新的知识与价值的名称。"人之是非初无定质，人之是非人也亦无定论。无定质，则是此彼非并育而不相害；无定论，则是此非彼亦并行而不相悖矣。"（《藏书·世纪列传总目前论》）如果说道就是诗情的流变，那么在不同的情境下，道在各人心中会形成不同的事实与价值的判断。这样，一方面肯定了道在不同历史时空中是具有连续性的，但同时也切断了价值在继承上的连续性；古人的价值不再适用于今人，古圣和时贤的各自体认之间是可以断裂的。今天的人可以否定古人的话，而对古人的否定在当今看来是正确的，然而也未必适用于未来，因此今天的任何结论也同样可以被后人否认。正确和错误因时因地而异,却也可以并存不相违背。这其实是把价值判断的权柄放在了每个人的手中,个体性的伦理由此拉开了序幕。

由此看来,李贽可谓第一个完整建造起了诗情本源—诗性本体—诗性伦理的话语层级。本体就是主体对其所从来的诗情的反思性体认,而这个体认就是人的私心私情。这是一个惊人的创举,因为他首次把主体性落在了个人身上,由此开出了个体性的时代以及与此相应的诗性伦理。同时值得察觉的是,这样的个体性伦理由于建立在百姓的私心私情之中,虽真诚切实,也难免有些平凡浅易。由此自然生发的价值,也因此而容易走向"群龙无首",甚或是常相攻伐。但这种浅易直白是否就是道的易简呢?它如何体现出道的连续性呢?

其实,李贽作为王门后学,依然是保有着体用一源的坚持的。他虽以百姓日用为本体,然而这种本体是建立在"日用而不知"的诗情本源上的。诗情中就包含着一切价值的根基,也是相对的、形而下的各种价值的连续性依据。因此,即使是农人论田、商人议利,都是本源的应然显现,这是其价值性的所在。这种价值浅易的背后,蕴藏着深不见底、不可言喻的价值统绪,并且这个统绪的界定依然在圣人大儒那里。也正因此,农人议政、商人谈学是李贽不能接受的,这也同样违背了良知现成的本义。因为在他们的良知中,都暗含当时的政治体制设计,这是"不言自明"的本源诗情的内蕴。因而,即使从个体私心出发,其言行也不能指向对这个政统的违反,否则就已超出了这种"个体性伦理"的范围,或者说是"坏了良心",而且是没有救的。如果说"假道学"以孤悬的义理统摄着人欲,起码还承认了义理与人欲的距离;那么,"真道学"就是在人人皆明的人欲中,暗将同样的义理渗入,把它当作良知的明觉,而不须更多理性的思辨。在这种情况下,如果遇到了违反这种义理的情况,众人势必将此视为洪水猛兽,欲共同镇压而后快。由此可见,"真道学"因其非理性的教化力量,的确比起"假道学"有过之而无不及。究其原因,在诗性伦理的三重建构中,这种真道学延续了对理性的排斥,并暗中默认了"百姓日用而不知"的非理性,其实是在对民众理性的根本贬抑的基础上,建立了一种易于控制民众的教化方法。而以非理性建立起来的本体,既能让众人易于把握,又增强了他们排斥理性的自负;归根结底,却并不能让他们对伦理政治的建制有什么思辨性的建设,只能不加思索地默认原有的体制结构。简言之,真道学比起假道学,其流毒或许反而更深远了。由此反观,如若不能建构起理性的本体论和伦理学,类似这种"个体伦理"反倒会引起个体的自我沉沦、自我放逐。

赤子之心也好,童心也罢,把良知当成对日用伦常的简单体认,而忽略理性主体的建立,确实只能把人教育成懵懂稚童,本着私心私欲,向衣食父母撒娇讨口粮或对违逆者群起而攻之。当然,非理性主体也可能走向另一个向度,也就是凭着个人任性裁断,蔑视纲常伦理,这才是王门后学屡遭批评的地方,而反对的指针也自然朝向了非理性本身。总之,无论诗情如何源泉滚滚,唯有其中的理性建构才把握着时势的变动,塑造着完整的个体以及严整有机的诗性伦理语言。很遗憾,在晚明的学术中虽出现了貌似的端倪,却依然与之错失于交臂。

(三) 智谋重于节义

在阳明后学里,李贽也是擅长谈论"智"的一个表率,他提出的另一个一石激千浪的主张,是将智谋摆在了节义之上。历史上素来有王道与霸道之辨,虽说自秦汉以来有杂王霸而用的说法,然而王道的地位从来都是居于霸道之上的。这里的王道代表的就是忠孝节义等道德价值,往往成为政统的标准,而霸道恰恰就是那些智谋权术之类。而李贽却说:

> 余谓惟智谋之士不用,而后正直之臣见,节义之行始显耳。节义者,败亡之征也。……夫惟国家败亡,然后正直节义之士收其声名,以贵于后世,则何益矣!……予以谓智谋之士可贵也。(《藏书·名臣传·智谋名臣论》)

只有当智谋之术无用武之地,节义名臣才会出场,而这却只是国家衰败的征兆。或者说,只有在国家衰亡的时候,各种高尚的道德名誉才会出现。然而这些以临危一死谢君王的名臣们,除了预示着败亡的来临,对李贽来说是起不到什么实在的用处的。他在《名臣传》里,看重的恰恰是那些有点"恶名昭彰"的人,例如冯道、李斯、吕不韦等。比如对于冯道,李贽赞他不因爱惜自己的名誉而放弃为国家生民谋利,关键时刻并没有急流勇退。这种对权臣的赞誉,可能是出于对当时官场中各自唯求保名、相互推诿卸责的现实考虑。士大夫们所看重的名誉建立于彼此之间的距离感与分寸感以及与此相关的官僚体制中的内生权界,却不是以国家利害为基础或目标的。而李贽所推重的智士权臣却代表着国力的增强和民生的储备,倾向于打破已有的壁垒,推行切实有效的政策。换言之,如果前者的道德名誉与旧的官僚集团有关,那么后者的智谋权术就是新生地主力量的代言。这也证明了李贽的伦理价值观,即不盲信固有的教条,而根据社会生活的转变适时订立新的价值标准,而新名的基础要建立在个人的切实需求上。本于人欲,发挥智谋,顺着这条路径而建构道德,是李贽的正名观点。

从李贽对节义与智谋的分别来看,他似乎洞察到了当时士与民之间的价值鸿沟。对士人及其所属的官僚群体而言,"淳厚清谨"是内在的修养,而明振纲常是外在的事功,由外到内的格致与从内而外的扩充是一个自洽的整体;但李贽却认为这个整体日趋封闭保守,在危急的时势面前逐渐失去了效力。在他所处的时代文官日渐冗余,反映在士人的格物致知体系中,所格的"物"——君臣纲常的复杂性也随之加深,那么所致的"知"也就在繁重的负担下渐渐晦暗,难免遮蔽在各种利益的相互掣肘中。

李贽所期待的智谋,源于这一现实情境中的忧患感;但在其主体的理性认知中,却依然没有摆脱君臣纲常这个固有的存在"物"。这让他回到了对秦皇、武后等强君以及李斯等权臣的渴望中。也许忧患的诗情是人所共有的,但主体的理性尚未确立,而这种回归强权的诉求也是不能为当时的大部分人的情感所接受的。不过从忧患的情感中,李贽发现了主体性应落实在对每个人自然情性的认知上。这已经完成了主体性在知识(或常识)上的奠基,只不过价值上的奠基还未完成;当然后者不是朝夕之功所能预见,更需漫长的时间去实践和考量。

十、刘宗周的诚意之知

继泰州学派之后,王门后学逐渐走向了狂禅而饱受非议,其中比较有力的反驳当属刘宗周的诚意慎独论。刘宗周把王阳明的四句教改成了"四有教",也即:"心是有善无恶之心,则意亦是有善无恶之意,知亦是有善无恶之知,物亦是有善无恶之物。"[1] 这主要是因为,刘认为王最大的失误在于"将意字认坏",意本是心的本体,是实质的善意,而不是发用以后的意念。刘认为,意念如果已经发作,再用良知去辨别就来不及了,因此关于意的功夫也只能回到心体上去做,这就是诚意。

把意放回心中,作为心本体的实质,使心体具备了价值性,这是刘宗周自认对良知学的补

[1] 刘宗周:《阳明传信录跋》,《明儒学案》,第219页。

救，然而其实这只是让心学返回到理学轨迹中去了。王阳明的心体并非无主的本体，而是本源诗情的涌动，故而是没有价值的，因为价值是在形而上或形而下的语言中建立的。而意是主体性确立的形式，意向有善恶的指向，并不意味着它本身就具备善恶的实质。这种善恶只是形而上的规定，由良知理性进行判决。因此，王阳明从无善恶之心，到有善恶之意，再到知善恶的良知，其实只是本体论的建构语言，而非经验意义上的先后过程。这个从无到有的叙述指明了主体良知的建构途径，可惜的确没有被以后的良知现成学说继承下来。王龙溪从无善恶的心发展出了无善恶的意，而抹去了伦理的善，正是被刘宗周所指责的归禅取向。然而刘也同样未能把握王阳明的从无到有，因而把心也纳入了本体的结构，难免回归孤悬本体的理学路径。

　　刘宗周把心中的喜怒哀乐四情作为仁义礼智的自然体现，因而这四情是包含着价值的，并且价值只能在心的情志意向中显现，并且这个显现是通过诚意、慎独的功夫来完成的。他的慎独就是心体的功夫，这是他自认对王阳明良知的纠正：心的实质是至善的，而至善就在心的纯粹情感——四情中。刘宗周对心的这种诠释，其实是把本源的诗情提升到了本体的层面，使之成为富有价值理性的道德情感。然而，他不能给出这四情的价值来源。至善究竟来自何处？正如程朱一样，刘也只能对这种价值做一个形而上的规定，也就是天理，而这个天理也只能是承继着默认的道统而已。

　　换言之，刘宗周和王阳明在良知论上的区别是：刘把良知当作心的功能,而心从实质上是善的,因此良知本善只是描述性的话语;王的良知是建构性的,是从本源的诗情体验中确立起主体性、并判断善恶的行为,因此也可以说王阳明的良知是动词,而善是由良知所给出的结果。不过他们也有共同之处,就是对善的实质的体认是同样的,都是在当时的历史情境中做出的判断,也就是三纲条理、忠君爱民。二者在结论上是一致的,只不过一个省略了体认的行为,而另一个没有省略罢了。没有省略过程的,良知即在行动中,行动本身也就是良知,知与行是同一个建构的过程,所以王阳明说知行合一。而刘宗周则把这个过程认作是静态的,因而心是一个物件,其中的情感意志有自然的节律。这个节律就是性、理,良知则是心的功能,可以对性和天理进行认识。当然,即使是王阳明的建构,也依然没有脱离对既有价值体系的认知。但认知的主体和认知对象是同时被建立起来的,而非先验的默认。这就为前主体的情感体验留出了空白,也为从情感到理性的进一步建构留出了空间,虽说这个空间没有被他的后学很好地完成。而回到刘宗周,可以看出,他的良知就是对天理的符合。这样理解的知,就滑回与程朱理学一样的道德认知上去了。

刘宗周的诚意慎独和宋代理学家所说的并没有根本的不同。或者说,他把宋儒的慎独功夫拿到了心本体的层面上讲,而把性和天理当作心的属性,因而以慎独来复性。然而他须面对的是,心体既然本善,恶习从何而来?如果说在心体上功夫没做好,所以导致了后天恶的发生,那也只是说明心体上本就具有了善的反面,这时再说心体是纯善的就出现了问题。总之,他的学说与聂豹的归寂说有一贯之处,也就有了同样的弊端。良知若悬镜,镜若本清明,那么又从何处染得尘埃呢?

十一、王夫之的以行兼知

作为晚明"知"思想的集大成者,王夫之在"知"的本体论上的建构是不可忽视的。他在总结了宋明理学与心学的基础上,试图在他的本体论里面恰当安排天理、人欲的位置,提出了形、神、物兼备的认知理论以及"行可兼知"的功夫本体论。王夫之关于"知"的哲学思想主要存在于他的《张子正蒙注》里面。这就意味着他与"知"相关的理论难以割舍与理学的渊源,而这与晚明学者普遍对阳明后学的批评思潮是有关联的。由于对良知现成论的有意避开,王夫之继承了理学家的本体论层面上的"知"的结构;然而毕竟处于晚明的学术话语脉络下,他对理学也同样有着批判和偏离,甚或比起与阳明后学的距离更远。

(一)"知"的两层:从德性良知到耳目认知

王夫之认为,从形体上说,人有身、有心,心为身体的主宰。心中含有神明,神也散居在身体的各处,比如五脏和五官,只要与外物接触就可以发生认识。[1] 也就是说,形、神、

1 / 王夫之:"一人之身,居要者心也。而心之神明,散寄于五脏,待感于五官。"《尚书引义·毕命》。

物的相遇产生认识,而这种认识又分为两种:一种是德性上的知,另一种是见闻上的知。其中,后者比较易于说明。"心之情状虽无形无象,而必依所尝见闻者以为影质。见闻所不习者,心不能现其象。"[1] 心好比是镜子,本身是没有形象的,而必须依靠五官的见闻来照影。而通过照影所发现的事物形象可以称为"器",可以确定其性质和数量,也可以为其命名,究其"所以然之理"。在每一件具体事物上细究其特殊的原理就是见闻上获得的认知。也就是说,见闻之知就是对事物在具体器用上的认知,无论镜子还是所照见的事物,都可以称为器物。它们各有其物理原则,但都只停留在"用"的层面上。从镜子照影的见闻之知中,却并不能得知这种器物之所以成为其本身的理则,还没有通晓这种理则是如何由心所给出的。耳目见闻上的知识距离穷尽天道还差得很远:"心知者缘见闻而生,其知非真知也。"[2]

那么超越见闻之知的"心所以制之之义"究竟是什么样的呢?王夫之区分了心的"有为"与"无为"两种状态。在《正蒙·天道篇》中,张载讲到了心的"不可知":"圣不可知也,无心之妙,非有心所及也。"王夫之以"反身而诚""以无心应之"来解释这段话。而在《张子正蒙注·诚明篇》中,王夫之又说:"盖心者,翕辟之几,无定者也;性者,合一之诚,皆备者也。"诚是"天之实理",明是"性之良能",诚明相交而合一就是心的功

[1] 王夫之:《张子正蒙注·诚明篇》,中华书局1975年版,第57页。

[2] 王夫之:《张子正蒙注·大心篇》,中华书局1975年版,第125页。

能。那么"诚"与"无心""无知"有什么关系呢？诚是不需要借助见闻就可以自知的，就好像耳目鼻口长在脸上，不需要看见就知道位置在哪里。或者说，诚就是无知而自知，不须见闻就可以自明自证。控制内心而不使心意追逐外物，那么外物自然各正其名、各自得到其所以然之理。如果"有为者"凭借自己的见闻之知，刻意去干预事物的发展，反而会碌碌无为，终身被外物所奴役，距离自己的事功目标反而更远。

在超越了见闻之知的无心、无为中，终将获得的是诚明兼备的德性之知。当心的思虑需要寓于耳目闻见时，得到的只是人为的、有私欲的知；而只有去除了对五官的依靠，把心思寓于诚明，才能存神知化，获取天德。德性之知也就是"至诚存神之实"（《张子正蒙注·天道篇》）。神并不是虚幻莫测、难以把握的，世间万物之所以然的理则，其实就在于"存神"的过程。所谓"存"，就是把万物的理则存放在心中，并且保持不忘记。仁义礼智就是根本的德性，它是不证自明的。只要把它存在心中，再把这种具备了神性的德性理则推至万事万物中，那么万事万物就得到了自己的性理。这个推致的过程就是从立德到治世的扩充。

德性之知虽说不依赖见闻，而是自明的，但在由德到物的推致中，也不可缺少见闻之知的辅助。换句话说，德性之知是所当然的天理明觉，而见闻之知是知事物之所以然的原则。在德性自明的同时，事物的理则也当下呈现，那么由德到物的推致就需要借助物理的原则来类推。比如，事物变化的定数就是物理的原则，而这个原则正是在见闻之知中得到的。德性一旦自明,见闻也就呈显,那么把器物的理则存放在心中,就可以获知事物的规则,并推行变通。如《张子正蒙注·天道篇》所说的:"惟豫有以知其相通之理而存之,故行于此而不碍于彼;当其变必存其通,当其通必存其变,推行之大用,合于一心之所存,此之谓神。"神就是这样一个从德性之知到见闻之知,再推广到万事万物中的一个过程的统称。这也就是知的本体论的总体结构。

(二) 用见闻之知辅助德性之知

一方面德性之知不依赖见闻之知,另一方面又要借助见闻之知,学问与思辨不可偏废。王夫之说:"学之弗能,则急需辨;问之弗知,则急需思;思之弗得,则又须学;辨之弗明,仍须问。"[1] 学问由见闻而知,思辨则需要凭借德性之知。知的次第是通过学问进入思辨,而思辨又需要借力于学问。王夫之还是赞成格物和致知是两个环节,首先是格物,然后才进入致知。

> 大抵格物之功,心官与耳目均用,学问为主,而思辨辅之,所思所辨者皆其所学问之事。致知之功则唯在心官,思辨为主,而学问辅之,所学问者乃以决其思辨之疑。"致知在格物",以耳目资心之用而使有所循也,非耳目全操心之权而心可废也。[2]

[1] 王夫之:《中庸》,《读四书大全说》卷三(上册),中华书局1975年版,第145页。

[2] 王夫之:《大学》,《读四书大全说》卷一(上册),第12页。

从格物到致知，耳目和心官都需要用，但心官在两个环节中各有不同的功能。在格物中，由于心的思辨以学问为内容，所以心所思所辨的对象依然是形而下的万物理则，也就是事物的所以然之理。这时的心虽有思辨，但不过是见闻之知。而当进入了致知的环节，心官思辨的内容就是思辨本身，也即为了思而思，思是其自身目的。这时就获得了德性之知。然而德性之知依然不可以离开见闻之知，必须靠耳目见闻得到的材料为依据。"非致知，则物无所裁而玩物以丧志；非格物，则知非所用而荡智以入邪。"这样看来，格物与致知之间虽有时间间隔，成为时间上的两个不同环节，但相互之间有所依赖，在依赖中构成了循环往复的过程。

　　相比起阳明后学的良知论，王夫之的格物致知论在哲学思辨上的意义似乎降低了，从而显得更加质朴实用。同时，对格物的重视也为知的本体论建构增加了后天的因素。只有性与外物相通才能发起识知，那么人的德性之知可以随着见闻的习得而有所损益。因此，良知既不再是孤悬的天理，也不流于日常的人欲，而就在日复一日的修持、学习的行为中，所能获知的性与理可以随着时间中的积累而增加，同样也会因为疏于功夫而减损。这就加重了行的功用。王夫之认为"行可兼知，而知不可兼行"，通过主体的持续行为，可以扩大与外物接触的范围。只有这样才能增长见闻、促进德性的发展。因而，行本身就涵盖了知，但知却不能取代或含盖行。

　　由此也可见，王夫之特别注重批评王阳明的"知行合一"，就在于他认为王阳明错把行包摄在知的内部,从而导致人们专知不行、以知代行的取向。不过也须看到,船山在思辨上离王阳明是很远的,他的知行划分是理学家而非心学家的。在他那里,"知"是理性的自明,而行还是身体上与外界接触的客观行为,而王阳明却将行作为知的功夫放在一个本体论里。的确,客观的行为对王阳明来说斤两是不重的,然而王阳明想要表达的只是知对于行的决定性,也就是只要有知就必然会行。这样,外在的行动是否发生,只取决于知行这么一个本体贯彻得够不够。不过对这个知行本体的诠释,只有放在诗情的本源中才能敞开而不排外;因为诗情是与人共处的情境体验,情境本身是变动不居、不可预料的,以仁爱为特征的诗情也必然不会封闭于某个狭小的时空范围内。因此,当社会生活方式积累越来越多的忧虑时,与人相爱相亲的诗情会催生出变革的动力,这反映在以李贽为代表的阳明后学那里是明显的。只不过新的理性在被建构出来之前,知行合一的本体论放在了现实中可能会造成一定的偏差。这是因为,良知所见的心体本是个无善恶的空架子,然而如果已经被充实进了特定的意涵,这个本体就必须得到人们的理解与承认。那么当这种特定意涵已不再适用于时势而导致现实的偏差时,重知的心学自身又有可能会加重这种偏差而难以自愈。或许因此,王夫之特别强调行对于知的分量应当加重。在"知"前加入更具流变性的"行",这未尝不是一种向本源诗情的回归方式;只是因为回避心学以至重新倚重理学,从哲学的发展角度看,也许反倒是走了一段回头路。因为理学依旧或更加明确性理的内容，从而令这个内容更难被拒绝。总之，王夫之试图对理学和心学共同纠正的出发点，既立足于当时的忧患，同时也开辟了明清之际以后注重实用的学术路径。天理的问题解决不了，只好转到人的本然欲求那里下功夫。但反过来说，即使人欲认识清楚了，天理还是不多不少地摆在那里，又如何面对呢？"知"的本体论究竟如何重建，即使到了今天，依然也难以说清其所以然。而回顾明代的这样一段建构史，或许也是在所难免而又漫长的过渡期中一个段落吧。

第八章

清代以降的"智"与"知"

"智"作为一种德性,在清代以降更多地落实在了"知"范畴的建构中。明清之际的思想家在"知"的建构中的转向,即是从王夫之到颜元进而到戴震的这样一个实学化的趋势。在这个转向中,"知"逐渐摆脱了玄思的领域,而被充实得日益完整起来;尤其是在本体论建立之前的本源层面以及本体论向伦理政治话语的下贯中,这样日趋完善而丰富的话语层级架构逐渐明朗。清末思想家致力于援用西学与佛学的解释框架,这个突破性的引入也为"知"论的近代化奠定了基础。这在魏源、康有为、谭嗣同、章太炎等近世思想家那里有着突出的表现。沿着清代学术变迁的源流,可以看出"知"范畴在不断充实的过程中得到了大力的继承和创新,这为其向现代化的转化打开了门户。

一、颜元的习行知至

明清之际的思想家颜元,继王夫之之后,进一步把"知"的理论范畴落实在日常生活中,并与他提出的"实学"概念结合了起来。经历了明亡的动荡,颜元自幼与父母分离。在家国离丧的惨痛中,颜元对宋明理学有深切的反思和批判。他发现无论理学还是心学,其症结都在于对"天理""良知"的虚化。也就是说,无论通过由外至内的格物致知,还是相信内心的体证,天理良知中暗含着的三纲五常都是虚悬的,并通过教化变成了每个人不可违背的言行准则。而身处这样的教化中,人们会把这种虚设的"天理"当作唯一和现成的良知,而不做更多的反思和追问。这样就会造成"以理杀人"的后果。

为了避免对天理凌虚蹈空的体认,颜元用习行填补了对理的内容的追问,以行动和由此而来的理性知识架构起了"知"的体系。这对于亘古以来的"知"范畴建构来讲,无疑是一次具有分析意味的知识论式的革命,也对清代以后的"知"思想发展起到了奠基性的作用。

(一)身体实行以致知

为免流于理学家在形式上的空疏,颜元着力从内容上对知进行填补。他注重从身体上践行六艺出发,而达到致知的目的,即"手格其物,而后知至",以反对朱熹提出的"学可不自六艺入",以防间杂气质之性的渗入。[1] 颜元格物致知论的特点是对身体的重视,并且这种重视表现在

---

1 / 颜元:《大学》,《四书正误》卷一,王星贤、张芥尘、郭征点校,《颜元集》上册,中华书局1987年版,第159页。

对身体行动的意识上。他把"格"解释为"手格猛兽""手格杀之"。比如看见一顶帽子并不知它戴在头上暖和,只有用手取来放在头上,才会知道它如何暖和。对于六艺,也同样要"亲下手一番",通过亲身的践履才能通晓;否则,只阅读背诵礼书乐谱,无论多少遍也不可能理解它的意思。

语言和思辨的功夫,远远比不上身体的实行。颜元认为程朱陆王的穷理尽性之类的言论,无非是在"致知"里面绕圈子:"夫穷至,不犹然一'致'字乎?穷至其理,不犹然一'知'字乎?是解成个'致知在致知'矣。"[1] 通过训诂、穷至、玄思等途径获得的"知",只不过是在自己虚置的天道良知里打转。关键是,知道这种天理是以蔑视身体欲求为底线的。因为在天命性理面前,人的自然情欲只是气质之性,并有趋恶的倾向。但离开气质上的实在的情感意欲之外,这样的理又依靠什么来去除恶的方面并回归纯善?如果把这种纯粹的善作为对身体所固有的朝向恶的趋势的悖反,那么人要向善的方向发展,就必须违反自己的天性。这种痛苦的修习过程是颜元所反对的。他把理看作气本身具有的性质,附着在气上,没有离开气而存在的虚理。[2] 这看似和宋儒的"理在气中"没什么区别,但颜元却没有把理看作先于气并驾驭着气的存在。气质上的情性本身并没有恶的倾向,也不必然被理统御,反而决定着理的方向。把理和气都放回

1 / 颜元:《大学》,《四书正误》卷一,《颜元集》上册,第159页。

2 / 颜元:"若无气质,理将安附?且去此气质,则性反为两间无作用之虚理矣。"《存性编·棉桃喻性》卷一。

到本源中去的话，如果说在理学家和心学家的本源情感中涌起的是天理，那么在颜元的诗情知觉里首先呈现的却是自然的身体及天生的欲求。比如饿了要吃的、渴了找喝的一样，理只是随从情欲的牵引顺势而为罢了。

颜元的诗情是以身体为符号来表达的，然而这并不等于个人的纵欲，也有别于阳明后学的伦常日用。身体行为只是默然践行着礼，虽然没有诉诸语言，但顺承情感所向的每一个行为都可以表现一个符号、一个规则，如同孔子所说的"从心所欲不逾矩"。这种践行礼义的行为本身是先于语言语言的，[1]只顺承着诗情的本然指向，以构成某种情境，对此情境却可以给以语言的描述。简单说，这样的行为恰如一种语言的游戏，在做游戏中获得语言。如同教小孩子说话，只能在一个游戏的环境中，让他触摸、品尝、观察；在行为的过程中，自然会伴随着兴趣的逐渐加深，而物品的称呼就在这个游戏中被小孩学到了。这个名称必然是具体的，代表着某种特殊的性状，并与人的感官相应。"目彻四方之色，适以大吾目性之用。""耳达四境之声，正以宣吾耳性之用；推之口、鼻、手、足、心、意咸若是。"（《存人编·唤迷途·第二唤》）与外物尽可能广泛接触的行为，就是目性、耳性等五官本性的来源。知唯有从行中才能获得，而行则向着无限的可能性敞开着。这就打破了以往"天理"的封闭性，而为"知"的重新建构开辟了道路。

---

1 / 颜元："吾辈只向习行上做功夫，不可向言语、文字上着力。"《颜习斋先生言行录·王次亭》。

这样得到的事物名称，虽说是知识，但其中也暗含着价值。因为如果一个名称发生了错误，其他所有的名称都会错误，因而不希望出错是这种"游戏语言"内蕴的价值取向。用荀子的话说，约定俗成的名称内在的要求是简易直截、不违旧约，而这种"径易而不拂"就是善的指向。在颜元那里，气质之性本然就是善的，同样用来说明这个价值的取向。也就是说，身体跟随着诗情的引领，指向合礼的仪式，这是善的表征；而这种善不是蕴涵在语言中的，不是仅由思辨来体证的，而正是身体所固有的善的自在显现。所谓践形以尽性，就是以身体行为中善的指向来诠释性善。

　　颜元的身体语言或游戏语言，把善的来源蕴藏在了身体的情感欲求中，这是对宋明理学的极大颠覆。从积极的方面说，他率先把虚悬的天理良知融化在每个人的身体力行中，从语言最初的发端寻找善的根源，这就是前主体性的共同信念的原初约定。这个约定是从本源的诗情进入理性语言的枢纽，颜元把它定义在身体的行为上。这既解释了理性的由来，又避免流于理学家空疏的玄想。而同时，即使超脱于经典中的语言，代之以行为的践履，颜元也难免囿于诗书礼乐的既定框架。因而，即使是"手舞足蹈，搏拊考击，把吹竹，口歌诗"（《习斋记余·阅张氏王学质疑评》），也只是循规蹈矩，而无法对典籍中的仪轨有所损益。虽说从语言上超越了纲常，却依然在实行上依循着同样的信念，与理学的玄思一并归于同样的本源情感，而从这样的诗情一样会导向三纲五常的语言表述。也许，从践形中如何开出对身形的再造，才能解决径易何以不拂的问题,才是尽性的关键,这是值得颜元后学深思的地方。

(二) 正谊以谋利

从身体行为中给出了语言、信念以及根本善的来源之后,颜元又进一步阐发其特有的伦理观:

> 以义为利,圣贤平正道理也……利者,义之和也。《易》之言利更多。孟子极驳"利"字,恶夫掊克聚敛者耳。其实,义中之利,君子所贵也。后儒乃云"正其谊,不谋其利",过矣!宋人喜道之,以文其空疏无用之学。予尝矫其偏,改云"正其谊以谋其利,明其道而计其功"。(《四书正误·大学·大学章句序》)

在身体力行的格物中,自然给出的是自己的身体和作为客体的对象物。这就是:"知无体,以物为体;犹之目无体,以形色为体也。"[1] 这里的体,可以理解为形而上、意义上的本体。诗情的知觉里本来是没有本体的,而在发乎本源的意愿、话语与行为中出现了物与我的对待,从而有了客观的物体和主体的对立。有了主体性之后,与之偕行的是主体的身体,如耳目鼻口以及与之相应的形色声味等本体论设定。那么,就像根本的善一样,身体欲求同样具有本体的意义。如

---

[1] 颜元:《大学》,《四书正误》卷一,《颜元集》上册,第159页。

果善作为"义",身体所欲的就是"利"。利是"义之和",就是说义的外在表现以利为形式。追逐利益,并不影响一个人成为君子,君子和小人的区别也不在于是否谋利。然而这是不是功利主义呢?

值得注意的是,颜元并没有把欲求本身作为"义"这种价值,只能说欲求的目标中含有义。因而,颜元很难说是功利主义或快乐主义。他所主张的行为本身是无价值内涵的,而行为的目标则是有价值的。换言之,行为追求功利,以满足自身的欲望,这是一个知识;而在谋利的过程中实现了"义"的价值,它表现在知识性的描述中,就是"和"的话语形式。义与利是两个不同的话语系统,却可以并行不悖:义的表述需要借助利的计算,利的达成也要经由义的考虑,也就是正谊而谋利、明道而计功的相得益彰。

这个知识与价值并列的语言体系,体现出了从诗情知觉开始,进入本体论以及伦理政治体系的层级结构。"正谊以谋利"的伦理话语之所以能与个人的实际欲求相连,在于有一个主体性的本体论话语作为具体的知识和价值的共同奠基。也因此,颜元拉开了清代"知"论建构的帷幕,并为其在即将登场的近代化进程中的拓展做了铺垫。

二、戴震的以"知"论"智"

继颜元之后,戴震也对宋明理学提出了激烈的批判。他直斥理学家以私心、私欲当作公理,压制人们的本性,造成了"以理杀人"的后果。如钱穆所说,戴震把孟子分开说的耳目口鼻、四肢与仁义礼智的德性又合在了一起,形成了他的"所谓仁义礼智,即以名其血气心知"的理论。[1]换句话说,钱穆认为戴震走的是荀子路线,把仁义礼智四德建立在耳目口鼻及肢体的感官知觉上,其"性善"只不过是说认识到了天在人生初始所赋予的限度,并使自己的"血气心知"不超出这个限度,或者说"善"就是"知命"。那么,"智"的德性就归结在"知"的过程上,不过这种"知"并非人们惯常所理解的"荀子式"的认知,而是一个"原于天地之化者之能协于天地之德"的天人圆融的过程。"仁义礼智非他,心之明之所止也,知之极其量",当"知"达到了"所止"的境地就是"智",那么以"智"为目标,"知"可以做一个本体论意义上的解释。

戴震在"知"的本体论建构上更进一步,不但区分了心的知、觉、思等关系,还以血气心知的紧密联系为入口,在理性的知与感性知觉之间做了一些细密的联系与比较。在此基础上,戴震重新解释了"道""理"等概念,把

---

[1] 戴震:"仁义礼智之懿不能尽人如一者,限于生初,所谓命也,而皆可以扩而充之,则人之性也。……由此言之,孟子之所谓性,即口之于味、目之于色、耳之于声、鼻之于臭、四肢于安佚之为性……所谓仁义礼智,即以名其血气心知,所谓原于天地之化者之能协于天地之德也。"《孟子字义疏证》,中华书局1982年版,第37—38页。因此,钱穆指出:"孟子明以耳、目、口、鼻、四肢与仁、义、礼、智分说,而东原必为并成一片,谓性即味、色、声、臭、安逸之谓,性善即知其限而不逾以底于无失之谓。"《中国近三百年学术史》,商务印书馆1997年版,第398页。

天理的发源归于人的血气心知,从而把儒家的伦理进行了重新的阐述,将其奠定在本体论的结构之上。这其实是对传统伦理的重新认可和诠解,也就是重新的正名。但与颜元的行为哲学不同的是,戴震着眼于语言文字上的训诂,由此给出了一套诠释方法论,这对于"知"范畴在伦理话语上的发展具有重要的意义。

(一) 血气与心知

戴震一直被认为是朱熹理学的颠覆者,主要在于他瓦解了理、气的二元论,不但坚持理在气中,尤其是要求气先理后、重气轻理。这个理论的突破从"知"的诠释框架上可以做一个充分的透视。首先,他把从耳目接触外界得来的经验之知与心性对理义的觉知做了同类的比较。他说:

> 血气心知有自具之能,口能辨味,耳能辨声,目能辨色,心能辨夫理义。味与声色在物不在我,接于我之血气,能辨之而悦之;其悦者必其尤美者也。理义在事情之条分缕析,接于我之心知,能辨之而悦之;其悦者必其至是者也。(《孟子字义疏证》)

口能辨别的味道、耳目能辨别的颜色与声音都在外界,然而却都能与自己的血气相结合而得到辨认,并在辨别过程中体会到愉悦感。同样,事物的理义也在外部的事情中,却能被自己的心知所接受和辨别,这个过程也是愉悦的。因而,血气之知与心知并不是截然二分的,同样都是主体本身具有的某种"知"的功能与外物发生作用而得到的。这样,后天的与物相接触对"知"的产生很重要。如果私欲阻碍了心与事理的接合,心就像耳聋目盲一样,不能得到对事物的认知或对理义的觉知。也因此,"生而知之"的圣人不复存在,所有人虽同具有知的功能,却因接受教育的程度不同,在理义的通晓上也有了区别。人都有能够知道的禀赋,这是戴震对《论语》中"性相近"的解释。人都有知道的能力,因此性没有不善的。但同时,这种知道的能力有差别,下愚和上智的区别在于进学的难易不同。这意味着性有"蔽锢"的愚者,只有在后天的学习中不断增益自己的学识,才能从"众人"跃升为"智者",以至最终的"圣人"。[1]

戴震的"知"思想似乎不再具有先验的形而上、形而下的区别,然而这只是一个虚假的表象。他在主张气的一元论的同时,也承认气的条理或理则就是理,而能够知理也是人先天具有的属性,只不过需要在后天的"知"的发用中实现这个先天功能。也就是说,这个区别依然存在,只不过不是先验的;或者说,戴震是以先天的知理的属性取代了先验的理。而知的功能属于气的范畴,因而有气才有理,气在理先,理只是从属于气的特性,而失去了其在朱熹那里统摄着气

---

[1] 戴震:"《论语》言相近,正见'人无有不善';若不善,与善相反,其远已县绝,何近之有!分别性与习,然后有不善,而不可以不善归性。"《孟子字义疏证》,中华书局1982年版,第30页。

的先验地位。

理不再是超绝的形上本体,而就在心接物而知的特定情境中彰显出来,因而知的情境性就非常重要。知理的禀赋以及知理过程的用力各有不同,因而在特定的情境下,所能知晓的理也有谬误的多少之分。这正像火光照耀物体一样,心知理的能力和作用力强,犹如火光照得远而清楚;能力和用力弱则如光照得近而模糊。照得远而清楚的,知的谬误就少,而当心"通于神明",就会得到"不谬"的理。[1] 这个没有误差偏失的理就是适合这个情境的"分理"。它是通过心对特殊的事"宜"的把握获得的,这就是心所用力的最适当的位置。因而,虽说知的过程与所知的理都是无止境的,然而在每一个特定的情境下,知是有所止的,所止之处就是事物的特定分理。

心知在作用过程中的用力可以突破先天的能力禀赋,而达到知理的结果,这就意味着用力比能力更重要。而这个作用力又从何而来呢?如何调和力道和力度达到最适宜的效果呢?这就涉及戴震更为重要的思想,即"以情絜情"的情感观念。

(二) 以情絜情

戴震以心知理的作用,在于"曲体

[1] 戴震:"其心之精爽、巨细不同,如火光之照物,光小者,其照也近,所照者不谬也,所不照斯疑谬承之,不谬之谓得理;其光大者,其照也远,得理多而失理少。且不特远近也,光之及又有明暗,故于物有察有不察;察者尽其实,不察斯疑谬承之,疑谬之谓失理……故礼义非他,所照所察者之不谬也。何以不谬?心之神明也。"《孟子字义疏证》,中华书局1982年版,第5—6页。

事物，求如此以安之"[1]，也就是尽可能详尽、全面地体察事物，而求心的安定。这里的事物是指旁人的情感，如果对世间百姓的疾苦哀呼无动于衷，只求绝除欲望的"理"，那只能说是麻木不仁、蔽于意见，而与真正的理无关。只有通达众人的情感，才能由此推出与所有人的"心之所同然"，也就是理的所在。

这个由情入理的进程是通过"以情絜情"达到的。

> 以其心知明于众人，则共推之为智，其去圣人甚远也。以众人与其所共推为智者较其得理，则众人之蔽必多；以众所共推为智者与圣人较其得理，则圣人然后无蔽……惟以情絜情，故其于事也，非心出一意见以处之，苟舍情求理，其所谓理，无非意见也。未有任其意见而不祸斯民者。[2]

"通情达理"是通过众人、智者、圣人的阶梯状次序达成的。众人的情感各有所蔽，从中推举出智者，则较众人而言蔽少；再把智者的情感与圣人沟通，与圣人相比，智者的蔽又多些。这样，最终推选出来的圣人最能领会与代表所有人的情感，并且因此，圣人的心知也获得了无蔽无谬的理。换言之，理之所以没有悖谬，就在于它最能符合所有人的情感和心意，也就是"心之所同然"，离开了情感则无所谓理的存在。

---

[1] 戴震：《孟子字义疏证》，第53页。

[2] 戴震：《孟子字义疏证》，第4—5页。

圣人的认知之所以能达到无蔽,在于"能于事情不爽失,使无过情无不及情",在体察众人的情感时没有疏漏、没有差池,对待每个人的情感没有过分,也没有做得不够之处。唯其如此,才能获得所有人的拥护,得到中肯的权衡裁断,而获知事情的分理。而要把握这样的分寸,只有在与众人的无阻隔的情感交融中,才会对人情体贴入微、无所不至。这样的情感体知正是诗情的体验,并在此体验中触动主体的理性发生作用。这种作用力的强弱取决于情感的真诚程度。唯有对世人的"饥寒号呼,男女哀怨,以至垂死冀生"之情感同身受,才能通过以情絜情的过程,触发出强大的理性作用,从而产生对事物的权衡裁决,确立世间的伦理准则。借助"圣人"这个代表性的主体,完成了诗性伦理的整个确立途径。因而,戴震的"知"论是最接近诗性伦理的思想脉络的。

三、庄存与的"约文以申义"

庄存与是清初著名的今文经学家。清初以来批评宋学的潮流渐盛,与此同时是对汉代经学的注重。然而汉学也有其在义理阐释上的弱点,反而受到提出"义理、考据、辞章"不可偏废的姚鼐等宋学家的轻视。在宋学的压力下,今文经学在以庄氏家族为代表的常州学派的倡导下诞生了。庄存与一方面以宇宙论解释《易经》和《春秋》,反抗宋学以天道本体凌驾于人道之上,主张把人道的价值裁决权落在人心,以圣人之心决定圣人之法。在方法论上,他主倡赵汸在《春秋属辞》[1]中提出的"比辞属事"的经学研究方法,提出《春秋》不仅是一部编年纪事的史书,而是"以辞成象,以象垂法,示天下后世以圣心之极"[2]。解读《春秋》的目的,是从其文辞中领略"圣人之心",获知"圣人之法",而非务于罗列琐碎的史学凡例。在解释这些凡例时,他主张从中分析出圣人所要表彰的"正"以及所要贬斥的"邪":

> 邪正各有偶。苟一义一法,足以断其凡,则无可凡,皆削而不书。《春秋》非记事之史也,所以约文而示义也。[3]

从史书的凡例中,所要表达的只是"一义一法"。如果找不到与所要表达的"义"与"法"相应的凡例,就删削不再记录。庄存与认为《春秋》通过约简文字来申明义法的书写方式旨在表明,文字只不过是为了申明大义而服务的。他以《公羊传》为解释《春秋》的主要依据,通过历史凡例的分析,彰显"微言大义"的宗旨。他把这种笔法比作孔子诗学中的"起兴":

> 《诗》曰:"唐(棠)棣之华,偏其反而。"《春秋》之辞,其起人之问有如

---

1 / 赵汸:《春秋属辞》,《通志堂经解》,纳兰性德辑,清康熙通志堂刻本。

2 / 庄存与:《春秋正辞·春秋要指》,《续修四库全书》第141册,上海古籍出版社2002年版,第120页。

3 / 庄存与:《春秋要指》,第124页。

此也。执一者,不知问,无权者,不能应于曰:"未之思也。夫何远之有。"其亦可以求所应问而得之矣。¹

春秋笔法,正如《诗经》中的"起人之问",从起问到应问是"行权"的思考,也即经过权变、透过文字获知微言大义的方法。而如果执着于文字训诂的外部功夫,就不能透过字面深入圣人的心法。"行权"就是从文辞的发问中兴起主体的意志和思辨,这其实也是从写作和阅读史书的诗情体验中确立主体理性的过程。因而,著史如同作诗,在著作文字中确立与圣人之心相通的主体,从而阐发微言大义;而读者也在阅读中确立起类似的主体,并获知其中的微言大义。这是同一个从诗情之知到主体之知的起兴过程,只不过其中的诗情之知是不脱离《春秋》"大义"这个主旨的,任何文辞笔法也都是围绕着知晓并阐明大义而铺展开的。而这个大义,也就是庄存与理解的"尊王"与"安天下",它作为一切诠释的前见,并通过春秋笔法一再阐发。

虽说有这样一个前见的预设,庄存与依然通过其"起问"与"应问"的诗性诠释学的建立,奠定了清代今文经学的致知基础。在这个基础上,作为作者和读者的主体性意志受到了尊重,开创了一条通过致知以行权的政治哲学道路,为康有为的"托古改制"提供了依据。以庄氏为创发者的常州今文经学,历经家族成员,尤其是刘逢禄等人的传承,发展为足以与宋学的致知之学相匹敌的新汉学。更为

1 / 庄存与:《春秋要指》,第120页。

重要的是,经过晚近康有为、梁启超等人的发展,今文经学的这种思辨框架逐渐契接近现代的"知"思想,而成为融汇汉宋、承继古今的哲学枢机。

四、魏源论知在行后

龚自珍、魏源等近代学者继承了清初的今文学派,尤其表现在其知理论的哲学建构上。龚自珍以"尊德性"与"道问学"为表里关系,进而延展到有形的"知"到无形的"觉"之间的递进层级,衔接起从对文章的"知"进于对"性与天道"的觉的为学路径。这其实是从形而下的知进入本源层级的"无知",再兴起形而上的主体觉知的过程,这也是从文章的解读中起兴的过程。与庄氏进路有别的是,龚自珍注重传统史学的方法,因而文辞起兴是从具体的章句训诂方法着手的,而非一开始就是"起人之问"的诗学笔法。如果说龚自珍有向清初戴震语言学回归的取向,那么魏源则倾向于溯源到颜元,把致知的学问进一步推向了行。对事物概念的把握首先以行为实践为根据,而行为既包括与实际事物接触的经历,也包含从这种经历中获得致知的体验。知来源于行,同时也离不开行,甚至本身就是行的一部分。

(一)及险阻而知变通

魏源在认识的发生上,坚持知在行后,颠覆了圣人"生知安行"的古训。他说:"圣其果生知乎?安行乎?孔何以发愤而忘食?姬何以夜坐而待旦?文何以忧患而作《易》?孔何以假年而学《易》乎?"圣人之所以具有超常的学识,在于立足忧患、发奋学习,其实都是"困而学之",而并没有什么"生而知之"的天赋。从困境中起而发愤,由此可以知险、知阻,并"夷艰险而勇变通":

> 成事何易,任事何难!《易》曰:"夫乾,天下之至键也,德行恒易以知险;夫坤,天下之至顺也,德行恒简以知阻。"又曰:"穷则变,变则通。""神而化之,使民宜之。"故知法不易简者,不足以宜民;非夷艰险而勇变通者,亦不能以易简。[1]

只有处于困境中,才能升起忧患的主体性,从而对艰险有所认知和理解,并生发排除艰难的变通之心。从忧患中发奋图强,这既是天道的由否而泰,也是人道的自寐而觉。[2] 天道和人道是二而一的,统一于人的知解中,也就是从知险阻到勇于变通的易简之知。而若要达到这种知解,必须亲身深入险境,与具体的问题交涉并从中考察,从这样的经历中才能得到恰当的认识。因而他提出:"及之而后知,履之而后艰,乌有不行

---

[1] 魏源:《海运全案序》,《魏源集》,中华书局1976年版,第411—412页。

[2] 魏源:"玩卦爻内外消息,而知大《易》作者之所忧患。愤与忧,天道所以倾否而之泰也,人心所以违寐而之觉也,人才所以革虚而之实也。"《海国图志叙》,《魏源集》,第207页。

而能知者乎？"[1] 书本上得到的知识，无论多么广博，都没有实际体验中获得的那样确切。[2] 只有先处身于问题之中，经过与实际事物的接触，再通过学问的功夫，结合书本的知识，最终就会化艰难为易简，达到对事物的认知。

这个由难而易的过程伴随着主体情感的由忧而觉，因而是顺遂流畅的。这种流畅感体现在主体觉知中的灵光闪现：

> 灵光如日，心也；神光如月，目也。
>
> 神聚于心而发于目，心照于万事，目照于万物。目不能容一尘，而心容多垢乎？诚能心不受垢如目之不受尘者，于道几矣。回光反照，则为独知独觉，彻悟心源，万物备我，则为大知大觉。
>
> 大觉如日，明觉如月，独觉如星，偏觉如燎炬，小觉如灯烛，妄觉如磷火。（《默觚上·学篇》）

---

1 / 魏源：《默觚上·学篇二》，《魏源集》，第7页。

2 / 魏源："披五岳之图，以为知山，不如樵夫之一足；谈沧溟之广，以为知海，不如贾客之一瞥；疏八珍之谱，以为知味，不如庖丁之一啜。"《默觚上·治篇五》，《魏源集》，第41页。

困惑源于觉知没有通于神明的"大知大觉"，仅限于如同灯烛磷火的小知偏觉。而当感受到这种困惑时，就会升起主体的意志，使目光接触万物，让心知普及万事，从而达到大彻大悟的灵明觉知。心目都由"神"所主，因而接触外物与心中的知觉是一而二、二而一的。也就是说,心与万物是合一的。所谓"及之而后知"虽是对"行"的强调,并不等于行与知在时间上有先后。及物而知,其实就是知与行的合一,只不过这种知不是源自书本,而是实行即知、知即实行的易简之道。

而此即知即行之道就是变易而不易的改革纲领:"小变则小革,大变则大革;小革则小治,大革则大治。后笑先咷,安知非福?"[1] 革除险阻就是由号咷而后笑、由忧患而后乐的情感转化过程,也是"有变易之易而后为不易之易"的易简之道。[2] 这个过程是发端于主体性兴起之前的诗情体验,在诗情的流转中产生主体性的意志,从"彻悟心源"的觉知中升起主体对事物的认知,从而创造出变革之法,而变易中的不易就是诗情本源的奠基之所在。因而,魏源的及物而后知,其实就是诗情之知到主体之知的阐发,而其易学思想则是对此的诠释。

(二) 下知而上知:易简为天下道

把"及之而后知"的思想应用到实际中,就是重视下知下情,推易简为天下之道的做法。魏源指出:"周公训鲁公曰:'平易近民,民必归之。'平,地道也;易,天道也。易则易亲,简则易从。易简,天下之理得矣。"[3] 天地之道就是事物之理,而使事理平整了,人情自然也就得宜。易简之道就是

[1] / 魏源:《圣武记》,《魏源集》,第296页。

[2] / 魏源:《默觚下·治篇十六》,《魏源集》,第79页。

[3] / 魏源:《默觚下·治篇九》,《魏源集》,第59页。

使众民亲近并支持的天下之理。

从王船山开始,对形而上的道的理性把握与器用层面上的对事物的认知已紧密结合了起来,发展到了魏源的"及物而知",也是归理于气、归性于习的大势所趋。知的过程与习行是一体同构的,知必须由行发起,并在行中得到验证。"然无星之秤不可以程物,故轻重生权衡,非权衡生轻重。善言心者,必有验于事矣。"[1]事情指切近的时势。圣人的主体是借助事情、乘势而起的。只有时近势切,才能进入神明的诗情体验觉知,并从中兴起主体性,产生对事情的认知,"圣人乘之,神明生焉,经纬起焉"。从而对当今的事情有了认知,并与以往的事例做比较。"两物相摩而精者出焉,两心相质而疑难形焉,两疑相难而易简出焉。"[2]在比较中会出现问题和困难,于是需要在神明灵觉与主体认知之间相摩相荡,反复进行这个由难而易的过程,经过在事上不断证验而达到对事情的把握和洞察。这个最终的理解既是知的结论,同时也是行的效果。

知行都是在接触面不断增长、视野持续开阔的过程中完成的,因而就涉及与众人的同行、同知,而非一人独知。做到与民众的同知同行,因此共同符合易简之道,才会使民易亲、易从,事情也就会进行得更加平顺。同知,就要体察民心,多了解民众的观点想法:"人材之高下,下知上易,上知下难……诚使上之知下同于下之知上,则天下无不

---

[1] 魏源:《皇朝经世文编叙》,《魏源集》,第156页。

[2] 魏源:《皇朝经世文编叙》,《魏源集》,第157页。

当之人材矣。"[1] 如果居上位者理解下属的所知所感，并且理解的程度不比下属对自己的了解少，那么就不会出现用人不当、错失人才的状况了。而这个获知民意的过程，就是与民共同参议商讨，让更多的民众加入政治事务和讨论中去。"绝世之资，必不如专门之夙习也；独得之见，必不如众议之参同也。"[2] 相比起戴震的"以情絜情"，魏源的知行论进一步打散了圣众、贤愚的等级差异，圣人与众人在知行的易简功夫上没有什么不同，从而为广大的民众参政议政做好了准备，为后世民主的发展打开了宽敞的门径。

五、谭嗣同以"仁至"为"知"

清末诸思想家中，谭嗣同率先引进了西学，并与佛学一起融筑为科学与哲学并具的理论框架，扩展了"知"的涵义范围。他借助物理学中的"波粒二象性"，建立了与此相似的"仁学"。他把"仁"的实质定义为"以太"，其意义相当于"电"或"心力"，具有实体的特征。"仁"表现在人的情感和认知中，就是一切的物质和现象，"其显于用也，为浪、为力、为质点、为脑气"[3]。"仁"最主要的特性是"通"，谭嗣同也用"通"来命名之，"仁以通为第一义"。"通"代表活动的力量，这种活动感也是人的感知与他人以及万物融通共存的根据。这

[1] / 魏源：《默觚下·治篇十一》，《魏源集》，第67页。

[2] / 魏源：《默觚下·治篇一》，《魏源集》，第35页。

[3] / 谭嗣同：《以太说》，《谭嗣同全集》（增订本）下册，中华书局1981年版，第434页。

样,仁就被解释为即存有即活动、即实体即过程的本源实在,成为"天地万物之源"。

(一)以身体言"仁"与"知"

在"仁"的体验里,自我与万物浑然融通,而在融通中出现了智慧,"智慧生于仁","仁之至,自无不知也"。[1]只有与万物相通,才能对万物达到把握和认知。用人的身体做比喻,当不受干扰时身体也没有知觉,而一旦牵动一发则全身都有反应,正因这个整体没有一处不是相通的。当"仁"处于"寂然不动"的状态,就好比身体在静处;而当"感而遂通天下",则是"仁"在寂静的极处,突然受到感触,随即通达于身体的各个部分,主体从而对每个部分都达到了把握和认知。反过来,当人死去后,身体也将不再通畅,这是既不仁也不知的状态。

谭嗣同在这里设问,从寂然不动的"仁"到感而遂通的"知"是如何可能的?还是拿身体来打比方,当受到外物的触动,能够感知到这个物体的部分是脑。因为脑气随筋络遍布在身体中,就像电线一样四通八达,这些电线汇聚在大脑和小脑里面,一旦身体触碰到什么,电线立刻把信号传递到脑。而如果身体生了病,萎缩麻痹犹如电线损坏了那样,与外界接触也不能将信号传回脑部,那就是麻木不仁。仁之所以被称为脑气、以太,就在于仁能汇通自我与天地万物,就像脑气通达在身体中一样。

---

1 / 谭嗣同:《仁学》,《谭嗣同全集》(增订本)下册,第297页。

不同于后来的新儒家用"物自体"或"绝对精神"等本体论的方式,谭嗣同对"仁"的这种解释带有了自然科学的倾向。传统中的"仁"一直是价值的根源,而在这里,"仁"似乎被取消了这种本体的地位,而仅与物质或运动这些器用层面的概念相关。而一旦物质生命消灭了,仁也就不复存在,这又似乎把仁当作了依附于物质的属性。不过谭嗣同又说,以太只不过是"粗浅之具",是用来表达和描述"心力"的工具,而心力是仁的显现。[1]另外,"仁"还有在显现、感通之前的寂然不动的状态,这好像契接上了传统儒学中的已发—未发的体用论。在未发之前,仁意味着物我融为一体,只不过未曾有分辨和理性的认知;进入已发状态则如同牵一发而动全身,物—我的对待因事件的触动而呈现在当下的情境里,主体也开始面对着显现出来的事物,审视并认识这些对象的全貌。仁至即是知,就是讲这个由静而至于动的过程,身体的比喻只不过更注重从已经显发的层面上去描述。

(二) 仁到相分即是知

不过相比较宋明儒学,谭嗣同更倾向援用佛学中的唯识论来阐发"仁""知"以及"动""静"的关系。"仁"好比"唯心""唯识",也就是绝对主体性建立之前的本源。而心力是依仁而起的"生灭心",具有"不定聚"的偶然性,时空中的物质世界也因此诞生。也就是说,心力

---

[1] 谭嗣同:"以太也、电也,粗浅之具也,借其名以质心力。""心力所由显,仁矣夫!"《仁学》,《谭嗣同全集》(增订本),第6页、第83页。

犹如造物的枢纽，由仁的本源到天地万物的生发，都要通过这个枢纽的作用来完成。发用而成为各种各样的对象物的时候，仁也就显现为以太的形式，即对应着上节所述的已发状态。

心力作为由静至动之间的枢机，可以转化为人的机心，从而生发出劫运，但却不能阻止和挽回劫运。只有彻悟心源，回到本源的仁，才有可能挽回劫运。这就显示出了仁与以太的根本区别，仁是唯识的大本大源，而以太只由仁显发之后，与主体性的"见分"相对而生成的"相分"。见分与相分对立也就是客观事物与主体自我的对待，唯识是物—我的对待成立之前的本源状态，或者说是前主体性的、与天地为一体的诗情体验，既没有主体—客体的对待，也没有对外界的对象性的认识。那么，仁是没有主客对待的情感本源，而以太是主体性确立后，主体自身情感的对象化产物。换句话说，以太是对本源诗情体验进行对象化认识而产生的客体，以太就是在主体的自我反思和认知中生成的自我镜像。寂然不动的仁只是无主客化的诗情本身，而以太则已经成了主体打量自己时发现的自己身心的实质。只有当主体性确立之后，当主体把自身情感作为了认识的对象时，这个对象就以"以太"的形式存在。

从仁到以太的转化其实是一个主体化的过程，即从诗情本源的知过渡到主体的理性的知。以太不是客观存在的物质，而无非是主体认识的对象。因而，即使肉体生命消灭了，以太依然作为对此消灭的肉体的情感和认识对象而存在，因此也依然是一种仁爱情感的表现。比如，对已逝者的情思也是一种以太。由于在情感的本源中,一切物—我的对立都已经消除了,因此肉体生命的生灭也不过是在相分层面上的以太的流转,而最终还是要回归仁的本源。以太依仁而生聚起灭,而仁并不依赖以太,并可以超脱于物质生灭的悲喜。即使生命不在,但仁的情感依然是通达的,不仅限于一己的身体,而是超越了个体自我与万物为一体的共同情感。唯有这种情感才能超越并主宰个体的生命,将其融入彻底无我的诗情体验中去。由此也可见,谭嗣同对"仁"与"知"的这种诠释,与其绝笔"我自横刀向天笑"中表现的情感意向是一致的。

六、章太炎以心为本的认知论

继谭嗣同之后,章太炎也援引了佛学以及德国康德哲学的认识论,在"知"的理论建构上提出了新的创见。他与谭嗣同一样偏好唯识论,并且在用佛学解释"致知"的做法上也很相似,都以佛法中的唯识作为心知的根本。章太炎比照《成唯识论》与《瑜伽师地论》里有关"识"的生起与意、触、受、想、思这五种心法或心理活动的相应关系,并贴合着荀子的从五官到心的认知过程,提出了另一套基于"起心分位"的认识论。

> 大抵起心分位,必更五级:其一曰作意,此能警心令起;二曰触,此能令根(即五官)、境、识和合为一;三曰受,此能领纳"顺、违、俱、非"境相;四曰想,

此能取境分齐；五曰思，此能取境本因。作意与触，今称动向；受者，今称感觉；想者，今称知觉；思绪，今称考察。[1]

从大体上看，受与想这两种心法分别与荀子的"天官意物，心有征知"的认识过程似乎是对应的：五官对事物的接受、领纳即为"受"，接受的同时意味着应当将所接纳的感觉进行归类，有点像荀子所说的"五官簿类"；感觉传到心中则称为"想"或"知觉"，又类似于荀子的"征知"。[2] 然而需要区别的是，荀子是从物理的时空上说，以五官与外物开始接触为起点，当心中有了知觉意识时，这个认识过程就到达了终点。而章太炎的"起心分位"完全是心中的活动，以受、想为中心，以"作意"为开始到形成概念和判断为止。这几种心理活动没有时间上的先后，只是知觉里形成概念的几个层次。经过这五个层次，认知的全貌已收摄在主体的心识以内，以贵心为本的认识框架也由此成立。

---

[1] 章太炎：《论诸子学》，《国学讲习会略说》，河洛图书出版社，1974年，第91页。

[2] 章太炎："孙卿曰：'缘天官。凡同类同情者，其天官之意物也同，故比方之疑似而通，是所以共其约名以相期也。'此谓想随于受，名役于想矣。又曰：'心有征知。征知则缘耳而知声可也，缘目而知形可也。然而征知必将待天官之当簿其类然后可也。'接于五官曰受，受者谓之当簿；传于心曰想，想者谓之征知。"《原名》，《国故论衡》卷下，广文书局1977年版，第175页。

(一)"知"只在一心之内

与心中的认知相对应的,还有心外的认识对象。章太炎将心、物的分别称为五识与五尘的对待,五识(眼、耳、鼻、舌、身)须以五尘(声、色、香、味、触)作为对境,但"境依心起,非感觉则无所存"[1]。荀子《正名》篇中对正名的根据提出的问题是"何所缘以同异",并自己回答"缘天官",这里的天官包括与五识相应的五官。只不过,五识是内心关于五官(根)感觉的觉识,唯有在心中才能产生五识与对境的相对出现。五尘作为五识的对境,也是五识的"所缘缘"。若再引荀子的话来说,五尘与五识的关系就是"缘耳而知声""缘目而知形"这样两相对应的因缘。而五识又与心中的其他意识互相依存,彼此互为"增上缘";知觉思辨需要依靠五识而获知概念,五识也依赖知觉而发生感觉。因此,五官根器的感觉、五识与其对境以及内心的知觉思辨(也可称为境、根、识),都可以被纳入这种因缘论的逻辑关系中。无论五识还是心中的其他诸识,都是为了将对境收摄在内,因而与对境的关系如同谭嗣同所援用的相分和见分的关系,或者说分别是主体的认知对象和认知主体。

境、根、识的合一,终归于心中最深层的"藏识",唯识论也称之为阿赖耶识。章太炎说:"彼六识者,或施或受,复归于阿罗耶。藏万有者,谓之初种;六识之所归者,谓之受熏之种。"[2] 既名为"藏识",即

1 / 章太炎:《建立宗教论》,《太炎文录初编》别录卷三,《章太炎全集》四,上海人民出版社1985年版,第403页。

2 / 章太炎:《辨性上》,《国故论衡》卷下,第197—198页。

在初始的"本有种子"里就已潜在具备了所有因缘；而当因缘发起，变换为六识之后，又复归于藏识中的"始起种子"，也就是受到熏染的种子。种子在这里的涵义是知觉中的各种观念范畴，比如时间、空间的观念，又如数量多少、因果关系以及彼此区分等等。这些观念随心识的发起而变现出来，并通过记忆的途径杂糅进入意识深处，成为藏识的"受熏种子"。那么藏识已包含了认识主体与对象及其相互之间的所有关系，因而成为五官、五识以及对境的共同奠基。

通过藏识的奠基，主体的能知与作为对象的所知或见分与相分的差异，可以由此而得到消弭。但如何能够证明这样一个无所不包的藏识的存在呢？章太炎在"起心分位"的五层之外，又做了一个心所四分法，即在见分与相分之外，又加入了"自证分"和"证自证分"。

> 人心有相分、见分、自证分、证自证分。前二易知，后二难验。今举一例验之。如素所知见，或往时尝已起此志愿，久渐忘之，展转误思，而当时即知其误，猝然念得，而当时即知其不误。此猝然念得者，不依见闻，不依书史，即自证分也。此当时知其不误者，亦不依见闻，不依书史，即证自证分也。[1]

相分与见分是好理解的，因为这是主体与客

1 / 章太炎:《蓟汉三言》，上海书店出版社 2011 年 8 月版，第 39 页。

体对象成对出现以后的认识论;而主体性本身的确立以及先于主体性的藏识是如何证成的,则需要更艰难的探索。章太炎举了一个看似平常的例子,比如我们很熟悉的一件东西,或者是曾经发起过的志愿,而时间一久,就慢慢淡忘了。而一旦想起来时,如果对这件事的回忆有差池,当下立即就知觉到了错误所在。同样,如果突然把失漏的地方回忆起来了,当下也就知道这是正确的。记起此事以及知晓对错,都没有经过概念范畴之间的推理判断,而只是当下闪现在心里的直觉。突然记起了整件事,这属于"自证分";而当下就明了回忆内容的正误,则是"证自证分"。再举个现实的例子来说,很多人会遇到这样的情况,平日里很熟悉的一个人,见面突然忘记了对方的姓名,然后苦思冥想,终于想起了这个人的名字,并且同时就知道自己回忆得是否正确。回忆本身就是自证分,而对回忆内容的判断则是证自证分,二者是同时发生的。在见到熟人时冥然无知的片刻,是主体性依然隐藏的混沌状态;而对方身份与姓名骤然呈现在心中,意味着主体性的绽出、主—客对立的显现,因而这是主体的自证分。如果记起的名字是错误的,心中立刻就会察觉,就像对正确回忆的肯定一样,这是主体性绽出中本来具有的自我确证性,即证自证分。这两种心所或心法都处于主体性确立的过程中,不能诉诸主体性确立之后的逻辑推理与判断,而只能在知觉猝然起现中获得自己的证明,或者说二者是自明的。

(二) 起心之前的"不可知"

从主体的理性认知推到了主体性确立之时的自明知觉,在这个过程中,主体性本身由自明的知觉而得到证实,因而这也是自证与证自证的过程。那么以此为户牖,可以进一步将此自证的可能性向更本源的方向去追问。章太炎从这里出发,溯源到了心的藏识中那个无善无恶的"本有种子"。藏识既包容万有,也包含主体性确立的根据,这决定了心的本源地位。章太炎也坚持心的这种本源地位,他称心的本源为"真如"。这个"真如"其实就是阿赖耶识。真如就像康德的"物自体"那样,是一个完满自足的本体;只不过不像物自体那样不可知觉,真如是可知的。获知真如,还须从自证分与证自证分开始,继续推溯到心法发起之前的"无知"。这里的无知不等于康德的不可知,而是无知即知、知即无知的本源之知。

藏识或阿赖耶识是恒在流转的,就如同瀑布一般,在源源不息的流动中生成境、根、识等一切心法,天地万物的存在都由阿赖耶识所给出。这样如瀑流般的活动是无所根据、没有主宰的,只是出于无明的迷惑而变现为爱欲,从而发起了主体性以及所有心法。主体性是随着忧与爱而到来的,无明的忧虑向爱欲的转换是一种时间性的情感体验,而主体性也根据这种体验而绽显出来。伴随着这种时间性体验,自证分与证自证分这两种心法也开始起作用;而随着自证与证自证的达成,情感也完成了从忧到愉的转换。这个转化也是从如瀑布般无所根据的诗情向主体性的情感的转变。藏识其实无非就是本源的诗情表达样式,当这主体确立之际,心识将诗情的"无知"执为实在的无明中,在爱欲的引导下,诗情变现出了主体的"有知"。因而主体性的确立就是由无知而有知的、从无到有的进程,这个进程是由忧愉两情的转化作用推动的。主体性建立起来之后,又终将回归在诗情中,再往复不绝地继续这个重生、消弭的进程。在有无相生的过程里,藏识是最为根本的诗情之知,也是知通有无的真如本体。

在主体理性之前还有真如的存在,并可以通过知通有无的本源体验而获致。换句话说,理性建立在真如的本源体会上。章太炎在"知"的哲学之外建立起了他的无神论宗教,以区别于康德的基督教哲学。所谓无神论,就是以自己的本心为信仰,而驱除心外之神的幻想。章太炎认为"此心是真,此神是幻,执此幻者以为本体",就颠倒了本末的关系,而成了"倒见"。心外的事物是由心中的概念为根本依据的,只有自己心中的藏识可以立为人类信仰的宗教,除此而外不再需要信仰外在的鬼神。以贵心为本来创立宗教,其实也是立足本己的心知,以排斥外来宗教侵蚀的护教做法。虽说自基督教广泛传入之前,除了康有为提倡"国教",还尚未出现建立在中国语境下的心识之上的宗教概念,那么章太炎的无神教也可归于同为他所提出的"国粹"观念。他自信自己这一套以唯识信仰为基础的认知理论,是对自孔孟荀以至程朱陆王以来的心性论的继承。这样建立起来的"依自不依他"的国粹宗教,也是独立于基督教并易于被国人接受的本土宗教。

不过无论是从认识论还是宗教的角度，值得注意的是，章太炎所创的心知论与国粹教，从外在的层面上同康有为一样，都没有开出政治平等的维度。比如，章太炎在心知的层面上区分了圣智贤愚的等级，似乎又回到了被戴震、魏源等所推翻的圣人"生而知之"的路径上。章太炎认为，凡人必须待"物格而后知至"，"物来而知诣之"，[1]经过行动实践才能进入认知；而圣人则不同，不但不需要依赖与事物相接触的行为，甚至直接可以通晓上下千世。有了这种现实中的认知等级，圣人就极像尼采所谓的"超人"，理应担负起当仁不让的救世使命，"排除生死，旁若无人，布衣麻鞋，径行独往。上无政党猥贱之操，下作懦夫奋矜之气"。圣人应得到众人的拥护和信奉，担当起鼓舞士气、创建民族国家的重任。

在当时的历史情境下，章太炎的"知"论及与其相关的国粹教，都具有很强的现实性。这是为了在内忧外困的情形下，凝聚人心以汇成民族国家的目标而服务的。在这个历史大背景下，近代的"知"论从总体上体现出了强大的时代感或变迁感。首先，继承了明清之际以至清代早期以来对"行"的注重，学者们开始详细考论知行的关系。而基于本土历史上重知的传统，又不能脱离对自心为本的肯定与认可。尤其是在外来的压力之下，确立民族国家的共识成了迫切的需要，这导致当时的人们更加期待圣人君子，对圣人在构建大一统秩序中的主导作用

[1] 章太炎：《格物致知正义》，《太炎文录续编》卷一，《章太炎全集》五，第62页。

反而更为注重。这样就自然导致了近代的"知"理论带有着很强的国粹性,几乎是为了建立一种上下统一的伦理秩序而构建的,并且这种秩序是以对民族国家的根本认同为基础的。恰恰是这种带有切近的事功性的理论构架,一方面使近代"知"论融合了更多的西方哲学因素,而同时也与清初"知"论构成了形态各异的脉络,这也许为后续的讨论打开了愈发广阔的空间。

参考文献

[1] 十三经注疏[M].北京:中华书局,1980.

[2] 诸子集成[M].上海:上海书店出版社,1986.

[3] 董仲舒.春秋繁露[M].北京:中华书局,2011.

[4] 段玉裁.说文解字[M].上海:上海古籍出版社,1981.

[5] 蔡方鹿.知[M].成都:四川人民出版社,2004.

[6] 黄玉顺.易经古歌考释[M].上海:上海古籍出版社,2014.

[7] 牟宗三.智的直觉与中国哲学[M].北京:中国社会科学出版社,2008.

[8] 刘大钧.周易概论[M].济南:齐鲁书社,1986.

[9] 郭沫若.青铜时代[M]//郭沫若全集(历史编):第一卷,北京:人民出版社,1982.

[10] 葛瑞汉.阴阳与关联思维的本质[M].论著:第六卷.新加坡:东亚哲学研究所,1986.

[11] 廖名春.周易经传与易学史新论[M].北京:中国人民大学出版社,2014.

[12] 杨世文.魏晋学案[M]//中国儒学通案.北京:人民出版社,2013.

[13] 四库全书[M].影印本.上海:上海古籍出版社,1989年.

[14] 房玄龄,等.晋书[M].北京:中华书局,1974.

[15] 赖永海.佛教十三经[M].北京:中华书局,2013.

[16] 郭庆藩.庄子集释[M].王孝鱼,点校.北京:中华书局,2006.

[17] 周敦颐.周敦颐集[M].北京:中华书局,1990.

[18] 林乐昌.正蒙合校集释[M].北京:中华书局,2012.

[19] 陈来.宋明理学[M].沈阳:辽宁教育出版社,1991.

[20] 张载.张载集[M].标点本.北京:中华书局,1978.

[21] 程颢,程颐.二程集[M].王孝鱼,点校.北京:中华书局,1981.

[22] 葛瑞汉.中国的两位哲学家:二程兄弟的新儒学[M].程德祥,等,译.郑州:大象出版社,2000.

[23] 司马迁.史记[M].北京:中华书局,2013.

[24] 朱熹.朱子全书[M].朱杰人,等,主编.上海:上海古籍出版社与安徽教育出版社,2002.

[25] 朱子全书外编[M].朱杰人,等,主编.上海:华东师范大学出版社,2010.

[26] 舒大刚.儒学文献通论[M].福州:福建人民出版社,2012.

[27] 余英时.朱熹的历史世界[M].北京:生活·读书·新知三

联书店，2011.

[28] 陈淳. 北溪字义 [M]. 北京：中华书局，1983.

[29] 陈献章. 陈献章集 [M]. 北京：中华书局，1987.

[30] 黄宗羲. 明儒学案 [M]. 北京：中华书局，1985.

[31] 王阳明. 王阳明全集 [M]. 上海：上海古籍出版社，1992.

[32] 王夫之. 尚书引义 [M]. 王孝鱼，点校. 北京：中华书局，1962.

[33] 王龙溪. 王龙溪先生全集 [M]. 清道光刻本.

[34] 黄绾. 明道编 [M]. 北京：中华书局，1983.

[35] 黄绾. 石龙集 [M]. 明嘉靖年间刻本.

[36] 聂豹. 双江聂先生文集 [M]. 明隆庆刻本.

[37] 王艮. 王心斋先生遗集 [M]. 袁承业重编本.

[38] 罗汝芳. 罗汝芳集 [M]. 南京：凤凰出版社，2007.

[39] 李贽. 焚书；续焚书 [M]. 北京：中华书局，1975.

[40] 李贽. 藏书 [M]. 北京：中华书局，1974.

[41] 王夫之. 张子正蒙注 [M]. 北京：中华书局，1975.

[42] 王夫之. 读四书大全说 [M]. 北京：中华书局，1975.

[43] 颜元. 四书正误 [M]// 王星贤，张芥尘，郭征，点校. 颜元集. 北京：中华书局，1987.

[44] 戴震. 孟子字义疏证 [M]. 北京：中华书局，1982.

[45] 钱穆. 中国近三百年学术史 [M]，北京：商务印书馆，1997.

[46] 赵汸. 春秋属辞 [M]// 纳兰性德. 通志堂经解. 清康熙通志

堂刻本.

[47] 庄存与.春秋正辞:春秋要指[M]//续修四库全书:第141册.上海:上海古籍出版社,2002.

[48] 魏源.魏源集[M].北京:中华书局,1976.

[49] 谭嗣同.谭嗣同全集增订本[M].北京:中华书局,1981.

[50] 章太炎.国学讲习会略说[M].台北:河洛图书出版社,1974.

[51] 章太炎.国故论衡[M].台北:广文书局,1977.

[52] 章太炎.章太炎全集[M].上海:上海人民出版社,1985.

[53] 章太炎.菿汉三言[M].上海:上海书店出版社,2011.